Johann Rudolf Rahn

Die Schweizerischen Glasgemälde in der Vincent'schen Sammlung in Konstanz

Johann Rudolf Rahn

Die Schweizerischen Glasgemälde in der Vincent'schen Sammlung in Konstanz

ISBN/EAN: 9783743323735

Hergestellt in Europa, USA, Kanada, Australien, Japan

Cover: Foto ©ninafisch / pixelio.de

Johann Rudolf Rahn

Die Schweizerischen Glasgemälde in der Vincent'schen Sammlung in Konstanz

Die

Schweizerischen Glasgemälde

in der

Vincent'schen Sammlung in Constanz.

Von

J. Rudolf Rahn.

Leipzig.
In Commission bei Karl W. Hiersemann.
Druck von David Bürkli in Zürich.
1890.

Mittheilungen der antiquarischen Gesellschaft in Zürich.

Band XXII, Heft 6.

JOHANN NICOLAUS VINCENT
Geb. 14. April 1785 † 12. Juni 1865

Am Fusse des Monte-Rosa furcht sich zwischen den Gebirgswällen das Thal der Lys oder Lesa empor. Hier sind die beiden Gressoney—Trinité und S. Jean—, Gabi und Issime gelegen. Erhabene Naturschönheit ist allen penninisch-lepontischen Alpenthälern gemein, auf den Wanderer aber, der aus dem Norden kommt, übt das Thal der Lesa noch seine besonderen Reize aus. Mit Alagna, Rima und Rimella an der oberen Sesia und dem am Fuss der Cima di Jazi gelegenen Macugnaga zählen die Ortschaften des Lysthales zu den Inseln, die mitten in Welschland Bollwerke deutscher Mundart geblieben sind[1].

Gressoney-S. Jean, die zweitoberste Gemeinde im Lesa-Thale, ist die Heimath der Familie Vincent. Thatkraft und kluger Geschäftssinn sind hier seit alter Zeit zu Hause gewesen; denn Lage und Beschaffenheit des Landes fordern zu einem harten Kampfe um's Dasein heraus. Kaum ein Viertheil ihrer Bewohner vermag die Heimath zu ernähren[2], dafür aber hat die Natur einen Schlag von hellen, beweglichen und unternehmenden Leuten geschaffen, die in der Ferne erwerben, was der eigene Boden versagt. Schon in Sebastian Münsters Kosmographie ist von einem „Kremerthal“ die Rede, das mit dem Thal der Lesa identificirt werden muss. Noch früher, 1531, wird in Bern von „Gristheneyern“ gesprochen[3]. Später haben sich die Gressoneyer vornehmlich auf den Handel mit Baumwollen- und Seidenwaaren verlegt und in der Schweiz sowohl, als in Schwaben zum Theil noch blühende Handelshäuser gegründet[4].

Einer dieser Kaufherren ist Johann Nikolaus Vicent gewesen, dessen Bildniss die vorstehende Vignette zeigt. Am 14. April 1785 in Gressoney-S. Jean (Piemont) geboren, hatte er seine Studien in Italien und Süddeutschland gemacht, dann trat er 1807 in das Seidenwaaren-

[1] A. Schott: Die deutschen Colonien in Piemont. Stuttgart und Tübingen 1842.
[2] Schott S. 90.
[3] l. c. p. 94.
[4] l. c. p. 95.

en-gros-Geschäft der Gebrüder Zumstein & Cie. in Constanz ein, an dem auch sein Bruder Joseph Anton Theilhaber war. Bis zum Jahre 1836, als die Liquidation dieses Hauses erfolgte, hat sich Johann Nikolaus als pünktlicher Buchhalter bethätigt; als Kaufherr pflegte er auch regelmässig die Messen von Zurzach, St. Gallen, Ulm und Augsburg zu besuchen.

Im Geschäftstreiben sind aber die Menschen nicht untergegangen. Heisse Liebe zur Heimath haben die Brüder Vincent mit allen Gressoneyern getheilt. Schott, der davon erzählt hat, aber noch mehr berichtet, indem er bewies, dass Joseph Anton Vincent der Erste war, der die „Zumstein-Spitze" des Monte-Rosa bestieg und dass seine und Johann Nikolaus Verdienste um die Erforschung dieses Alpenkönigs mit Unrecht durch Zumsteins und des Freiherrn von Welden Ansprüche verdunkelt worden sind. Dergleichen Unternehmungen sind die Ferienfreuden der Brüder gewesen. Alljährlich zwei Sommermonate pflegte Johann Nikolaus in der Heimath zu verbringen, und, wie es damals unter Gressoneyern üblich war, hat er die Hin- und Rückreise mit einer Karawane von Landsleuten stets zu Fuss gemacht, oft auf rauhen und gefahrvollen Pfaden, wenn es über Schnee und Gletscher ging. Das Wandern ist ihm überhaupt eine Herzenssache gewesen. In Gressoney war er als einer der zähesten und unermüdlichsten Fussgänger bekannt; als solcher hat er die Strecke von Chur nach St. Gallen einmal ohne Unterbrechung zurückgelegt.

Endlich hat sich dieser frohe und wackere Mann auch einen Nachruhm durch sein Verhältniss zur Kunst erworben. Das Einerlei des Geschäftstreibens befriedigte ihn nicht; zum Mindesten sollten die Mussestunden einem höheren Streben gewidmet sein. Auf Reisen mag er die Begeisterung für Kunst und Alterthümer empfangen haben, dann ist er Sammler und schliesslich ein Hüter von Schätzen geworden, wie sie, in Einer Richtung wenigstens, in keinem anderen Besitze vertreten waren. Unermüdlich war er bis zum Lebensende um den Ausbau seiner Sammlung bemüht. Er hat zu Constanz am 12. Juni 1865 das Zeitliche gesegnet.

Ein Sohn, der 1888 verstorbene Joseph Vincent, hat dann das ungetheilte Kunsterbe verwaltet. Nur wenige namhafte Erwerbungen sind noch dazu gekommen; dagegen hat die Art seiner Verwaltung wesentlich dazu beigetragen, den Ruf der Sammlung zu verbreiten und die schweizerischen Forscher voraus hat sich Joseph Vincent zu bleibendem Danke verpflichtet, indem er in zuvorkommendster Weise nicht nur ihre Studien in Constanz unterstützte, sondern auch zweimal die werthvollsten Glasgemälde Ausstellungen schweizerischer Alterthümer anvertraute; es war diess 1873 auf der Wiener Weltausstellung und wieder so zehn Jahre später auf der Landesausstellung in Zürich der Fall. Die Pietät der Söhne für den väterlichen Kunstnachlass hat sich endlich auch dadurch bewährt, dass, allen Versuchungen zum Trotze, kein Stück der Sammlung verkauft worden ist; nur Tauschanträge haben sie nicht immer zurückgewiesen.

Im Jahre 1881 hat die Sammlung des weiland Grossrath Friedrich Bürki in Bern zu bestehen aufgehört; damals sind ihre Schätze in alle Welt gewandert. Dieser Verlust bleibt unvergessen, denn nie wieder wird auf Schweizerboden eine solche Fülle des Besten vereinigt werden, was die heimische Kunst geschaffen hat. Eine Kunst besonders war vertreten, die Glasmalerei. So viele und vornehme Proben davon waren hier zu finden, dass hinsichtlich dieses Besitzes nur Eine Sammlung, die Vincent'sche in Constanz, mit derjenigen Bürki's sich messen konnte.

In entlegenen Zeiten sind diese beiden Sammlungen zu Stande gekommen. Anfangs der siebziger Jahre hatte Bürki kaum erst den Grund zu der seinigen gelegt, dann aber so energisch und umsichtig gehandelt, dass man staunen musste, welche Nachlese auf einem Boden möglich geworden war, der von Kunstschätzen und Alterthümern schon längst und ganz entblösst zu sein schien. Bürki hatte die letzten Chancen genutzt, während Johann Nikolaus Vincent umgekehrt zu Denen gehörte, die zuerst die Schweiz als ein Eldorado der Sammler betreten haben.

Man weiss, dass seit dem Beginne des XVIII. Jahrhunderts nicht nur Gleichgültigkeit, sondern geradezu eine Abneigung gegen den Kunstnachlass aus älteren Zeiten Platz gegriffen hatte. Eine Welt von Kunstwerken ist seither verschleppt, vernichtet und jeglicher Willkür preisgegeben worden. Sammler aus Eigensinn freilich hat es auch damals gegeben, aber nur wenige Männer, welche die Einsicht besassen, dass Kunstwerke, woher und aus welcher Zeit sie stammen, Anspruch auf Werthschätzung durch die Gebildeten haben. Zu diesen gehörte Johann Caspar Lavater, der seinem gleichgesinnten Freunde, dem Fürsten und nachmaligen Herzog Leopold Friedrich Franz von Anhalt-Dessau die kostbare Sammlung von Glasgemälden verschaffte, die sich im Parke von Wörlitz bei Dessau befindet[1]. In gleicher Weise sind der Freiherr Joseph von Lassberg und der zürcherische Dichter Martin Usteri unermüdliche Sammler gewesen. Und wie leicht war es damals einem solchen gemacht, sein Haus mit Kunstschätzen und Alterthümern zu füllen! Ganze Folgen von Glasgemälden aus klösterlichem Besitze soll der Freiherr von Lassberg für den blossen Entgelt von farblosem Glase erhandelt haben, und von einem Alterthumshändler in Luzern wird erzählt, dass er bei Nacht und Nebel den Zimmermann zu Hülfe rufen musste, weil unter der Last der aufgespeicherten Glasgemälde ein Boden einzubrechen drohte[2].

Das war die „gute alte Zeit," wo auch Vincent zu sammeln begann. Im Jahre 1816 hat er

---

[1] Vergl. meine Abhandlung: Die Glasgemälde im Gothischen Hause zu Wörlitz (Festschrift für das Anton Springer-Jubiläum), Leipzig 1885.

[2] Andere Beispiele finden sich zusammengestellt im Neujahrsblatt der Stadtbibliothek Zürich von 1877, Seite 9, Note 10.

die erste Scheibe gekauft, 600 Glasgemälde haben seine Söhne geerbt. Der unlängst verstorbene Herr Joseph Vincent hat mir öfters erzählt, wie seines Vaters Geschäftsgänge durch das Fahnden nach solchen Erwerbungen unterbrochen wurden und wie er als unermüdlicher Fussgänger die entlegensten Höfe nach verschollenen Dingen abzusuchen pflegte. Auf Glasgemälde blieb übrigens sein Trachten nicht beschränkt; auch eine Waffensammlung hatte er angelegt, die wohl zumeist aus schweizerischen Stücken bestand. Sie ist Anfangs der vierziger Jahre nach England gewandert. Ausserdem hat er Alles aufgetrieben, was alt und seltsam und werthvoll war. Das heutige Inventar zählt Mineralien auf und Geweihe, Münzen, Goldschmiede- und anderweitige Metallarbeiten; Holz- und Elfenbeinschnitzereien, Gemälde und alte Drucke, europäische und orientalische Porzellane. Unter den Majoliken endlich, welche aus dem Inventar des bischöflichen Palastes in Meersburg stammen, sind Stücke ersten Ranges zu finden.

Jetzt ist diese Sammlung in ihrer ganzen Grösse zur Schau gestellt. Seit dem 2. April 1833 hatte Vincent zur Aufnahme derselben den neben dem Münster gelegenen Capitelsaal gemiethet. Man steigt aus dem Ostflügel des Kreuzganges auf einer dunklen Treppe zu dem Saale hinauf. Er ist 1480 vollendet worden[1]) und hat die Form einer dreischiffigen Halle, deren kunstreiche Gewölbe wie die Fächer einer Palme sich aus den schlanken Stützen lösen. An beiden Langseiten sind weite Fenster angebracht, so dass das volle Tageslicht die Pracht der Farben durchfluthet. Und welche Erscheinungsfülle ist hier zu finden — eine Welt von Dingen, die das Auge erfreuen und machen, dass dem Alterthumsfreunde das Herz im Leibe lacht.

Der Hauptwerth dieses Besitzes beruht aber doch auf den Glasgemälden, und hier ist ausser der Zahl ein besonderer Umstand zu beachten. Als diese Schätze zusammen kamen, ist die Glasmalerei eine kaum erst wieder entdeckte Kunst gewesen. Restaurateure gab es noch nicht und die sich später als solche empfahlen, hat Vincent zeitlebens ferne gehalten. Mit derselben Eifersucht hat sein Nachfolger des Hüteramtes gewaltet; er war stolz darauf, seine Scheiben so zu zeigen, wie sie Hausbesitz geworden waren. Unseren heutigen Glasmalern gewiss soll damit kein Zeichen des Misstrauens gegeben werden. Ihre Kunst ist hoch entwickelt und man darf sie freudig beanspruchen, wenn unvollständige oder beschädigte Stücke wieder ausstellungsfähig gemacht werden sollen. Aber wie oft wird diese Hülfe doch zu ausgiebig gebraucht, in einer Weise, die weit mehr auf Augenweide, als auf die Befriedigung wissenschaftlicher Interessen berechnet erscheint. Ich habe Glasgemälde gesehen, die, obwohl sie den Tüchtigsten zur Wiederherstellung anvertraut worden waren, durch eine zu weit gehende Restauration ihres historischen Werthes ganz beraubt worden sind. Solchen Werken gegenüber wird die unberührte Scheibe, auch wenn sie unvollständig, oder mit fremden, aber alten Bruchstücken versetzt ist, in den Augen des ächten Kunstfreundes und Kenners stets den Vorzug behaupten. In diesem Zustande sind die Vincent'schen Scheiben verblieben — nie hat sie die Hand des Restaurators berührt. Was in unvollständigem Zustande übernommen worden war, ist so verblieben und auch die zahllosen Fragmente wurden als solche aufgehoben, so dass, nachdem sie einmal systematisch zusammengestellt worden waren, über Erwarten wichtige Ergänzungen vorgenommen werden konnten. Aber auch in diesem Falle hat man sich darauf beschränkt, den wieder aufgefundenen Theilen die ihnen zukommende Stelle anzuweisen,

---

[1]) F. X. Kraus. Die Kunstdenkmäler des Grossherzogthums Baden, Beschreibende Statistik. Bd. 1. Freiburg i. B. 1887. p. 138.

weder neue Zusätze, noch selbst nur eine Bleifassung wurden besorgt. Welchen Werth so unberührte Stücke endlich speziell für den Historiker haben, geht aus einem Beispiele hervor. 1832, also schon vor Anfhebung des Stiftes, hatte Vincent die Glasgemälde aus dem Frauenkloster Dänikon bei Aadorf im Canton Thurgau erworben[1]). 21 derselben sind aus der Mitte des XVI. Jahrhunderts datirt und die hoch entwickelte Kunst der schweizerischen Meister hat wenige Werke geschaffen, die diesen an Pracht der Farben und vollendeter Durchführung gleichkommen. Ausser dieser einen Folge giebt es aber noch eine zweite. Nach Format und Grösse stimmen diese Scheiben annähernd mit den vorhin genannten überein; aber sie stammen aus späterer Zeit und sie stehen jenen auch nach Styl und Ausführung nach. Hatten auch diese Werke in Dänikon gestanden? Die Antwort auf diese Frage geben die Theile einer Rundscheibe, welche in zwei zu diesen beiden Folgen gehörenden Scheiben verflickt sind und deren Wappen und Inschrift endgültig auf den Zusammenhang mit Dänikon verweisen.

Werke aus den verschiedensten Epochen und jeglicher Herkunft sind in dieser Sammlung vereinigt. Die Glasmalerei der Deutschen, Niederländer und Franzosen ist vertreten und selbst einige Proben italienischer Kunst hat Vincent besessen. Die Hauptschätze stellen aber doch die schweizerischen Glasgemälde dar: Wir haben, die Arbeiten der Spengler von Constanz inbegriffen, 494 Nummern gezählt, wobei übrigens zu bemerken ist, dass einzelne derselben mehrere (bis 20) Stücke begreifen. Aber auch aus den schweizerischen Werken hebt sich Eine Gruppe hervor, die Summe von Scheiben, die aus den mittleren und den nordöstlichen Gegenden des Landes stammen. Bürki dagegen hatte seine hervorragendsten Schätze aus den Kantonen Basel, Aargau, Luzern, Bern und Freiburg gesammelt und heraldische Kapitalstücke aus der spätgothischen Epoche und der früheren Renaissancezeit sind sein Stolz gewesen. Solche sind in der Vincent'schen Sammlung viel sparsamer vertreten. Die grosse Masse der Scheiben stellt hier vornehmlich die reife Entwickelung der Glasmalerei seit der Mitte des XVI. Jahrhunderts dar. Nun ist aber gerade das ein Umstand, welcher dieser Sammlung ihren besonderen Werth verleiht; denn hier sind, verglichen mit dem Bürki'schen Nachlasse, die einzelnen Entwickelungsstufen der Kunst durch ein ungleich vollzähligeres Material und die Arbeiten der verschiedensten, theilweise gleichzeitigen Meister vertreten. Nahezu fünfzig Glasmaler haben ihre Namen und Monogramme auf den Vincent'schen Scheiben verzeichnet, und damit ist die Zahl der bekannten Künstler noch keineswegs erschöpft; es kann aus dem Styl und anderen untrüglichen Kennzeichen noch auf eine Reihe weiterer Namen geschlossen werden. Dazu kommt endlich, dass diese Sammlung die weiland Bürki'sche auch an culturgeschichtlichem Gehalte übertrifft, denn zur vollen Entwickelung sind die Darstellungskreise der Glasmalerei doch erst um die Mitte des XVI. Jahrhunderts gereift. „Die Scheiben in Constanz — führt H. Angst aus[2]) — sind eine förmliche Schweizergeschichte in Bildern. Das ganze kirchliche, kriegerische und gesellschaftliche Leben unserer Vorfahren im XVI. und XVII. Jahrhundert zieht darin an uns vorüber. Prachtvolle Serien biblischer Darstellungen — Geschenke frommer Gönner an Kirchen und Klöster — wechseln ab mit Aemter- und Standesscheiben und langen Reihen von privaten Glasgemälden, in denen das stolze Selbstbewusstsein der Schweizerbürger jener Zeit und die Freude an der eigenen flotten

[1]) J. A. Pupikofer, der Canton Thurgau (historisch-geographisch statistisches Gemälde der Schweiz). St. Gallen und Bern 1837 S. 12.

[2]) (H. Angst) Die Vincent'sche Sammlung schweizerischer Glasmalereien in Konstanz. Neue Zürcher Zeitung 1889, Nr. 278, 5. Oktober.

Existenz so recht zum Ausdrucke gelangen. Vom Ende des XV. Jahrhunderts bis um die Mitte des XVI. ist kaum eine Phase in der Entwickelung unseres Vaterlandes zu nennen, an welche sich nicht Anknüpfungspunkte unter den Scheiben finden liessen, und alle Stadien, welche die Kunst der Glasmalerei gleichzeitig zu durchlaufen hatte, sind in der Sammlung vertreten.«

Die ältesten Stücke (Nr. 4), sind Fragmente eines Chorfensters, das um 1320 für die Klosterkirche von Hauterive bei Freiburg verfertigt worden ist. Bis zum Jahre 1848 hatten diese Glasgemälde daselbst bestanden, dann sind sie 1856 brutal auseinander gerissen und in neuer, willkürlicher Zusammenstellung in den Seitenfenstern des Chores in S. Nicolas in Freiburg untergebracht worden[1]. Was diesen derben Proben einen besonderen Werth verleiht, ist der Umstand, dass sich in denselben bereits die Verwendung des sogenannten Kunst- oder Silbergelbes nachweisen lässt, einer Praxis, von der sonst gilt, dass sie erst im XV. Jahrhundert erfunden worden sei. Auf die vielen Bruchstücke aus grösseren Kirchenfenstern folgen sodann die schönen Nummern 6—6b und 7—7b. Die Ersteren sollen aus einer Kirche in der französischen Schweiz erworben worden sein. Die Spätgothik hat in diesen Werken eine glänzende Vertretung gefunden. An Farbenpracht und energischer Ornamententwickelung, die sich ebensowohl durch Kraft und Schönheit der Zeichnung wie durch kundige Rücksicht auf die Eigenart des Materiales und der Technik auszeichnet, kommen wenige Proben gleichzeitiger Glasmalerei diesen Maasswerkfüllungen gleich. Nur wenige spätgothische Cabinetstücke hat Vincent besessen[2]) und ebenso sparsam sind Werke aus der Frühzeit des XVI. Jahrhunderts zu finden. Zwei grosse Doppelscheiben von 1517 gehören dazu[3]); sie sind charaktervolle Belege für die damalige Richtung der Kunst, indem sie zeigen, wie anmuthig und naiv die Verschmelzung krauser Spätgothik mit dem heiteren Formenwesen der Renaissance sich vollzogen hat. Ein anderes Werk, das ebenfalls zu den Erstlingen des neuen Stiles zählt, ist das braun in Braun mit Silbergelb gemalte Kopfstück einer Scheibe Nr. 20. Es trägt die Jahreszahl 1514 und stellt den betrunkenen Noah vor, den seine Söhne verspotten. Der Stil dieses Werkes stimmt mit Arbeiten des launigen Solothurners Urs Graf überein, der, wie bekannt, sich gelegentlich auch in der Glasmalerei versuchte[4]) und dessen Vortragsweise auf solchen Werken unmittelbar an das vorliegende Bruchstück gemahnt. Aber kaum vor den dreissiger Jahren des XVI. Jahrhunderts ist doch der neue Stil die herrschende Kunstweise auf Schweizerboden geworden. Unter den Werken, welche die frühere Entwickelungsstufe der Renaissance vertreten, ragen zwei Fragmente hervor. Das eine, Nr. 37, ist 1531 datirt. Diese Jahreszahl ist auf eine Tafel geschrieben, die ein bartloser, zeitgenössisch gekleideter Mann in verkürzter Haltung trägt, und man möchte glauben, dass kein Geringerer als Holbein den Entwurf zu dieser flotten Grisaille geschaffen habe. Das zweite Bruchstück (Nr. 34) zeigt den Eccehomo, den Pilatus dem Volke vorstellt. Es ist undatirt, aber dafür mit einem Monogramme versehen, das sich als dasjenige des Hans Rudolf Manuel Deutsch, eines Sohnes des Nikolaus Manuel, zu erkennen giebt.

---

[1]) Vgl. Rahn, Gesch. der bildenden Künste in der Schweiz S. 590.

[2]) Die vornehmsten sind die Privatwappen Nr. 10, 16, 18 und die beiden Standesscheiben von Zug (Nr. 25 und 26).

[3]) Nr. 30—30a und 31—31a; eine Abbildung der letzteren Doppelscheibe ist auf beifolgender Tafel gegeben.

[4]) Im Besitze des Verfassers befindet sich das Bruchstück eines Glasgemäldes, welches, grau in Grau mit Silbergelb gemalt, eine jugendliche Schildhalterin darstellt. Die Dame ist zeitgenössisch aufgeputzt und auf dem Saume des Gewandes steht der Name VRSVS. GRAF v EW✠ verzeichnet. Die Mittheilung von diesem Erwerbe beantwortete Herr Dr. E. His-Heusler in Basel mit folgenden Notizen: „Ich habe allerdings eine Stelle gefunden, welche diesen

Und nun, weil diese knappe Uebersicht nur die hervorragendsten Scheiben umfasst, werden wir sofort vor eine Gruppe geführt, welche die Kunst der schweizerischen Glasmaler auf dem Glanzpunkte der Entwickelung zeigt. Auffallend gross ist die Zahl dieser Scheiben. Ihre Folge beginnt mit Nr. 39. Das Rundscheibchen mit den Wappen der zürcherischen Adelsgeschlechter der Hinwyl und Hohenlandenberg hat seine Umrahmung verloren; nichtsdestoweniger ist es ein Juwel, vor dem man ansteht, ob dem Farbenspiele, der prächtigen heraldischen Zeichnung, oder der wunderbaren Zartheit des Vortrages grösseres Lob gebühre. Dasselbe gilt von den tadellos erhaltenen Nummern 40 und 41, deren Umrahmung an die köstlichen Rondelen in der Kirche von Hindelbank erinnert. Diese Scheiben sind ohne Zweifel in Zürich geschaffen worden und der Gedanke liegt nahe, dass sie Arbeiten eines und desselben Meisters sind, nämlich des Zürchers Karl von Aegeri, der unter den Vertretern seiner Kunst einer der Tüchtigsten überhaupt gewesen ist. Auch andere Werke tragen den Stempel seiner Kunst, deren Merkmale schon wiederholt charakterisirt worden sind[1]): die merkwürdige 1543 datirte Scheibe von Frauenfeld (Nr. 45) mit den ungemein zierlichen Miniaturen, welche die Sage von der Gründung dieser Stadt behandeln[2]), und die Nummern 42, 47, 48, 54 und 122, Werke, die übrigens nur als Durchschnittsleistungen zu gelten haben, aber insofern Interesse erwecken, als ihre ungleiche und schadhaft gewordene Modellirung mit Schwarzloth zeigt, wie oft der Meister zu pröbeln pflegte.

Karl von Aegeri hat unter den Zürchern lange Zeit für den ersten Vertreter seines Faches gegolten. Diese Meinung ist jetzt nicht mehr aufrecht zu erhalten, seit Dr. Hermann Meyer in dem Meister NB einen mindestens ebenbürtigen Landsmann nachgewiesen hat. Dieser Künstler ist Nikolaus Bluntschli von Zürich (geb. vor 1525, † 1605) gewesen[3]), und gerade die schönsten Werke, die er geschaffen hat, finden sich in der Vincent'schen Sammlung vereinigt. Es sind dies die schon besprochenen Scheiben, welche sich bis zum Jahre 1832 in dem Kloster Dänikon bei Aadorf

Künstler als Glasmaler erwähnt. In einem Basler Gerichtsprotokolle findet sich ein Urtheil, welchem zufolge Mathys Heckel, Wirth zum goldenen Kopf, mit seiner Klage gegen den Weissgerber Mathys Pfister und „Urs Grafen den Glassmoler von Solothurn" wegen nicht bezahlter Zeche abgewiesen wird. Das Urtheil ist datirt „Samstag nach S. Peters Kettenfür (sic.) 1511." In meiner Arbeit über Urs Graf (v. Zahn, Jahrb. für Kunstwissensch. V. 257 und VI. 145 u. f.) habe ich von dieser Bezeichnung als Glasmaler keine Erwähnung gemacht, weil sie allein steht, während er sonst überall als Goldschmied genannt wird. Dass er Entwürfe für Glasmalerei geliefert hat, davon gibt es zahlreiche Beweise sowohl unter der Menge seiner noch vorhandenen Handzeichnungen, als auch in einzelnen gemalten Scheiben, die sich hie und da vorfinden. So besitzen wir im Museum (Treppenhaus) eine runde Scheibe: in einer Landschaft steht ein nacktes Weib, dem der Tod das Stundenglas zeigt, und die Behandlung dieser Scheibe, die grau in Grau mit stellenweisem Auftrag von Gelb gemalt ist, entspricht der Technik, in welcher das in Ihrem Besitze befindliche Fragment ausgeführt ist. Auch die Composition stimmt ganz mit der Weise Graf's überein. Auch unter den Rathhaus-Fenstern befinden sich einige, von welchen ich die Zeichnung ihm zuzuschreiben geneigt bin. Dass er aber in Basel selbst die Glasmalerei ausgeübt habe, glaube ich bezweifeln zu müssen, weil er alsdann die Zunft der Glaser hätte annehmen müssen, welche „Zum blauen Himmel" war. Graf war „zu Hausgenossen", bei den Goldschmieden und Wechslern zünftig."

[1]) Rahn, Kunst- und Wanderstudien, S. 329 u. f., und ders.: Bericht über Gruppe 38 „Alte Kunst" der Schweizerischen Landesausstellung in Zürich 1883. Zürich 1884, S. 52 u. f.

[2]) Diese schöne Scheibe wurde 1869 von Herrn Joseph Vincent aus dem Zunfthause „zum Klee" in Stein a. Rh. erworben. Vgl. Anzeiger für schweizerische Alterthumskunde 1869 Nr. 2, S. 58, Note 1.

[3]) Dr. H. Meyer: Die schweizerische Sitte der Fenster- und Wappenschenkung vom XV. bis zum XVII. Jhrdt. Frauenfeld 1884. Bes. S. 194, 270, 273 und 301—304.

befanden. Wo sie daselbst gestanden hatten, ist nicht mehr bekannt, vermuthlich im Kreuzgang; das ungewöhnliche Querformat scheint dafür zu sprechen. Begnügen wir uns aber, darauf hinzuweisen, dass hier Leistungen allerersten Ranges erhalten sind, mit denen sich, was Kraft und Harmonie der Farbenwirkung, delikateste Ausführung und Originalität des umrahmenden Beiwerkes betrifft, nur wenige Werke der Glasmalerei überhaupt zu messen im Stande sind. Diese Eigenschaften freilich sind nur durch Eine Gruppe von Scheiben vertreten; denn zwei, vielleicht sogar drei Serien von Glasgemälden hatten ehedem in Dänikon gestanden[1]). Jene erst genannte Folge besteht aus 21 Stücken, die zu Ende der fünfziger Jahre des XVI. Jahrhunderts verfertigt worden sind. Drei derselben stellen die Verkündigung, die Anbetung der Könige und den im Tempel lehrenden Christusknaben, ein viertes Christus und die Samariterin, die übrigen die Passionsmomente vom Fussfalle der Magdalena bis zur Kreuztragung dar. Zwei Nummern endlich, die beiden letzten, sind nur mit Heiligenbildern geschmückt. Die Anbetung der Könige ausgenommen, welches Bild das Monogramm eines Unbekannten trägt, sind sämmtliche Werke aus Bluntschlis Hand hervorgegangen. Was nun zuvörderst interessirt, das ist das Verhältniss dieser Scheiben zu einem Dürer'schen Werke. Sofort stellt sich nämlich heraus, dass Dürers kleine Holzschnittpassion die Vorlagen für die Mehrzahl der Scenen geliefert hat. Allerdings hängt nun eben damit auch die Schwäche dieser Arbeiten zusammen. Indem der Künstler wohl oder übel seine Entwürfe nach dem Querformate der Scheiben richten musste, sah er sich zu Erweiterungen und zur Inanspruchnahme von Zuthaten gezwungen, die mehr als einmal ein höchst naives Verhältniss zu den Compositionen des grossen Altmeisters offenbaren. Aber daneben ist so viel Gutes und Eigenartiges vorhanden, dass wir noch immer genug zu bewundern haben. Zuvörderst ist auf die umrahmenden Theile zu achten. Hat der Meister auch hiefür eine Anleihe gemacht, oder ist er der Erfinder gewesen? In diesem Falle hätte Bluntschli ohne Frage für einen der Originellsten zu gelten, welche diesseits der Alpen als Decorateure die Hochrenaissance vertreten haben. Architekturen und Ornamente, Alles ist neu, und mehr als einmal hat sich im Aufbau dieser Gerüste ein grossartiges Compositionstalent bewährt. Mit welch eigenartigster Freiheit ist beispielsweise in Nr. 67 das Motiv eines Metopenfrieses umgebildet, welch köstlicher Humor spricht sich in den Halbwesen aus, die bald als Atlanten und Karyatiden sich mit der Architektur verbinden und dann wieder in freien Gruppen, kämpfend, sich neckend und spielend, die krönenden Theile beleben. Solche Gestaltungen und Scenen sind aus einer spuckhaften Phantasie hervorgegangen. Zu alledem kommt die Schönheit des Vortrages und das geschmackvollste Arrangement der Farben. Man muss die ganze Folge dieser Werke überschauen, wenn sie in dunkler Umgebung das gleichmässige, ruhige Tageslicht durchhellt, dann ist es ein Jubel, zu dem sich diese farbigen Accorde verbinden: die satte Gluth der Bilder und Wappen auf tiefblauem Grunde und im Gegensatze hiezu die Haltung der ornamentalen Parthien, die bald vorherrschend licht, bald mit gesteigerter Kraft der Töne die immer gleich wirksame und feste Umrahmung bilden. Manches hat Bluntschli's Weise mit derjenigen des Karl von Aegeri gemein. Beide sind ausgezeichnete Architekten und Decorateure gewesen; mehrfach haben sie auch die gleichen Motive benutzt; die Verzierung der Gesimse mit breit geformten Blattreihen, den Schmuck der Postamente mit Masken und Widderköpfen, und wieder so stimmen technische Besonderheiten überein: die duftige Modellirung der Gestalten und Baulichkeiten mit

[1]) Katalog Nr. 56—81.

kaltgrauen durchsichtigen Tönen, die Verwendung eines zart gebrochenen Purpurs und des sammtenen Grün. Eigen ist Bluntschli die Anwendung zweier Schmelzfarben, eines oft zu grellen Blau und eines trüben und kalten Grün. Die nackten Theile sind weiss, fleischrother Auftrag ist nur für die Lippen verwendet. In der Zeichnung endlich sind grosse Ungleichheiten nicht zu verkennen; einzelne Genien z. B. und Magdalena beim Fussfalle, erscheinen über die Maassen flau, steif und ungelenk, wogegen die Figuren der Stifter durchwegs mit liebevollem Fleisse und augenscheinlich treuester Portraitmässigkeit behandelt sind. Ausser dieser geschilderten Folge sind noch zwei weitere Scheiben, die Nummern 138 und 139, Erstere durch Monogramm und Letztere durch untrügliche Merkmale des Stiles und der Technik als Arbeiten Nikolaus Bluntschli's beglaubigt.

Und noch ein Zeitgenosse ist zu nennen, der Monogrammist AH, in welchem Dr. H. Meyer den Meister Andreas Hör von S. Gallen nachgewiesen hat[1]. Will man seine Weise kennen lernen, so kann dies nur in der Vincent'schen Sammlung geschehen, denn während anderswo nur ganz vereinzelte Arbeiten dieses Künstlers getroffen werden, sind hier deren nicht weniger als 22 vereinigt[2]. Von 1560—1573 lässt sich dessen Wirksamkeit auf Grund der bisher bekannten Werke verfolgen, wogegen die Vincent'schen Scheiben nur den kurzen Zeitraum von fünf Jahren (1560 bis 1564) belegen. Es geht daraus hervor, dass Hör eine grosse Fruchtbarkeit entwickelt hat. Ich kann mir nicht versagen, auch seine Weise zu charakterisiren, denn wie bald werden diese Arbeiten in alle Welt gewandert sein! Wer Eine von Hör's Scheiben gesehen hat, der kennt seine Werke auf den ersten Blick heraus. Seine Palette ist ebenso eigenartig, wie die Art der Composition, die in der Wahl des ornamentalen Beiwerkes, im Aufbau der Architekturen und dem Verhältnisse solcher Umrahmungen zu dem Bilde einen durchaus individuellen Charakter trägt. Einiges weist auf fremde Einflüsse hin; seine Heraldik, besonders die schwere und eigenthümliche Stilisirung der Helmdecken, die weit mehr an die Weise süddeutscher und, so scheint mir, insbesondere nürnbergischer Meister, als an die seiner schweizerischen Mitarbeiter erinnert. Durchaus originell, wenn freilich nicht immer mustergiltig, sind seine Architekturen gebaut. Insbesondere fallen die Bekrönungen auf, die bald zu dürftig aus einem schwächlichen Giebel gebaut sind, der in keinem Verhältnisse zu den schweren Stützen steht, während anderswo umgekehrt die Kopfstücke eine übermässige Geltung beanspruchen, wozu dann noch häufig die unglückliche Theilung derselben durch ein schweres Mittelstück kommt. Vielfach ist überhaupt das Architektonische missverstanden und schwerfällig behandelt. Hier ist das Streben, Originelles zu gestalten, mehr als einmal mit den Anforderungen des guten Geschmackes in Conflict gerathen. Den Bildern hinwiederum ist die schwere Zeichnung der Wolken und des Landschaftlichen gemein. In vollem Gegensatze hiezu stellt sich nun aber die Behandlung des Einzelnen dar. Hör ist unter den Schweizern einer der saubersten und fleissigsten Techniker gewesen. Alle seine Werke hat er aufs Gewissenhafteste vollendet und namentlich spricht sich diese Treue in den decorativen Zuthaten aus. So hat er die weissen Spiegel und die Medaillons der Gebälkanfsätze öfters mit Vögelchen belebt, besonders mit Distelfinken. Diese Thiere sind mit köstlicher Wahrheit gemalt; die Medaillons ferner, welche die Mitte der Bekrönungen schmücken, Zwickel- und Sockelbildchen sind Miniaturen ersten Ranges, und wieder dasselbe gilt von dem Rundscheibchen Nr. 114, das den Sündenfall zum Gegenstande

[1] Anzeiger für schweizerische Alterthumskunde. 1879, S. 935 u. f.
[2] Die Nummern 93—121 des Kataloges.

2

hat. Die Architekturen sind sehr farbenkräftig behandelt. Die Modellirung ist mit einem tiefen, nahezu schwarzen Tone durchgeführt, der bisweilen etwas fast Rauhes hat. Im Gegensatz zu Aegeri hat Hör eine sehr solide Technik geübt; niemals ist das Schwarzloth angefressen. Charakteristisch ist endlich die ausgiebige Verwendung von Gelb. So sind, als glatte Flächen, die Hintergründe, oder, wofern diese farblos blieben, die Haupttheile der Architekturen gemalt. Nur zwei Scheiben treten aus diesem Rahmen heraus, die Nummern 93 und 95. Eigenthümlich ist hier die rauhe Modellirung und eine blasse, harte Wirkung der Farben. Sieht man aber näher zu, so stellt sich heraus, dass auch hier der gleiche Fleiss wie auf die übrigen Werke verwendet worden ist und dass Meister Hör nur eine neue Praxis versuchte, welche bei Nr. 95 in dem Verzicht auf Ueberfanggläser bestand.

Die Wirksamkeit dieses Kleeblattes, des Karl von Aegeri, Niklaus Bluntschli's und Andreas Hör's, fiel in die Zeit, wo nicht nur die Kunst der schweizerischen Glasmaler, sondern auch das Stoffgebiet, mit dem sich dieselben beschäftigten, zur höchsten Entwickelung gediehen war. Es ist bereits davon die Rede gewesen, welche Vielheit der Darstellungen durch die Vincent'schen Schätze vertreten ist, und in der That, kaum eine Richtung des damaligen Lebens und Denkens wäre zu nennen, die hier nicht ihren Ausdruck und Nachhall gefunden hätte. Doch genüge es, auf einige Typen hinzuweisen. Die gewöhnliche Privatscheibe, wofern ihr Inhalt nicht ein ausschliesslich heraldischer ist, zeigt das Wappen von seinem Inhaber bewacht, oder dem Mann in Wehr und Waffen bringt die Gattin mit einem Becher in der Hand den Willkomm dar. Solche Stifterfiguren sind oft mit überaus ansprechender Portraitmässigkeit geschildert und gerne wurde der persönliche Ton auch in weiterer Ausführung angeschlagen. In der Scheibe Nr. 112, die allerdings von einer ganzen Gesellschaft von Zunftgenossen gestiftet worden ist, hat Hör den Metzger gemalt, dem seine Frau beim Schlachten behülflich ist. Ansprechender ist die Scheibe Nr. 140. Ihr Stifter, Hans Harder von Güttingen, ist ein rothhaariger Küfer, der ein Fass mit Reifen beschlägt, indess die Gattin herzutritt, um dem emsigen Gespons einen Labetrunk zu bringen. In treuherziger Weise wird anderswo (Nr. 265) auf den Kindersegen angespielt. Oben ist die Familie zum Gebete versammelt: „O Gott — lautet die Beischrift — dir kört alein die er, du hast mir die kind beschert." Im Hauptbilde sind die Gatten dargestellt, er im Festgewande, sie mit dem Willkomm und darunter stehen beider Namen geschrieben „sampt deren elichen Kindern wie noch folt (folgt): Hans, Voli, Joss, Doma, Jörg, Abraham, Anali, Elsbeta, Marie und Margret." Besonders aber haben persönliche Anspielungen ihre Stelle in den Kopfstücken und den kleinen Zwickelbildern gefunden, welche neben den krönenden Architekturen angebracht sind. Hier ist auf katholischen Scheiben der Stifter abgebildet, wie er anbetend vor seinem Schutz- und Namenspatrone kniet. Umgekehrt haben reformirte Stifter ihren Gefallen an alttestamentlichen Geschichten gefunden. Holbeins altes Testament hat öfters die Vorlagen für Kopfstücke geliefert; auch die Thaten Simsons, Davids und der Judith. Jacob, der mit dem Engel ringt, sein Traum von der Himmelsleiter und die Geschichte des Tobias sind vorzugsweise beliebte Vorwürfe gewesen. Kopfstücke auf adeligen Scheiben stellen Schlachten vor, Turniere, Jagden und dergleichen vornehme Kurzweil und wie oft ist vollends die Tellsgeschichte wiederholt. Endlich die Anspielungen auf den Stand und Beruf. Weisheit und Gerechtigkeit werden als Regententugenden in den Stiftungen von Magistraten verherrlicht. Das Kopfstück einer 1584 datirten Scheibe des Bürgermeisters Jakob Spengler von S. Gallen (Nr. 164) stellt den Besuch der Königin von Saba bei Salomon vor: „von Saba zog die

Königin | Das si die kluge Red und Sin | des König Salomons erfar | Wer Weisheit sucht, der find sie par | Drum lobt sie Christus hoch für war." Herber wird auf einer anderen Scheibe (Nr. 198) gemahnt. Als Stifter derselben hat sich „Peter Wegerich zu Bernouw, Diluer Zytt Müntzverwalther zu Schaffhusen. 1598" unterzeichnet und das Bewusstsein von der besonderen Verantwortlichkeit seines Amtes mag ihn zu der Wahl eines ungewöhnlich ernsten Thema's bewogen haben. Das Lieblingsbuch des Mittelalters, „Gesta Romanorum", erzählt von Kambyses, dass er einen bestechlichen Richter bei lebendigem Leibe habe schinden lassen. Die Verantwortung des Richters vor dem Könige und die scheussliche Procedur stellen die beiden Kopfstücke dar. Ansprechender sind die Schilderungen des Berufslebens: Auf Nr. 200 hat der Künstler das ausführliche Bild eines Zimmerplatzes gemalt. Anderswo sieht man Treiber und Sämner, auf Nr. 174 eine Weinfuhre und wieder auf der Scheibe eines Wirthes (Nr. 208) das Treiben seiner Gäste geschildert. Zwei Reiter und ein Träger kommen von der Landstrasse her, ein Dritter hat das Ziel erreicht, wo dem Müden und Durstigen Labung winkt. Er hält sein Rösslein an, um einen Bügelschoppen zu nehmen. Aus der Thüre treten die Wirthsleute, sie mit der Weinkanne und der Gatte mit dem gefüllten Glase heraus. „Heinrich Henseler Würt zum Weifsen Creitz zue Bischoffzell, Verena Schönweilery, sin eliche Husfrow" steht unter der Scheibe geschrieben. Ländliche Hantierungen sind auf Bauernscheiben abgebildet (Nr. 43 und 171) und eine derselben (Nr. 178), welche den Landmann darstellt, wie er mit 8 Joch Ochsen seinen Acker pflügt, beweist, dass es vor Jahrhunderten schon ein stolzes Bewusstsein von dem Hausbesitze in diesem Stande gab.

Frischer, urwüchsiger Humor ist den Kindern des XVI. und XVII. Jahrhunderts in besonderem Maasse eigen gewesen. Mitunter freilich mag der Spass wider Willen herausgekommen sein, denn es ist wohl anzunehmen, dass Hans Wurst, der 1564 die Scheibe Nr. 129 malen liess, wirklich so geheissen habe und dass „Johannes Käller zu Unterwalden mit dem Kernwald," sich trotz des bedenklichen Titels „Schmid und Wund Artzet" (Nr. 243) als Vertreter eines menschenfreundlichen Berufes fühlte[1]). Aechter Selbsthumor spricht dagegen aus der Scheibe Nr. 259. Sie stellt ein fröhliches Trio vor, einen Musketier, dem sich der Nachbar links mit der Weinkanne und einem Buckelglase nähert, während der Dritte die Flöte bläst. Der Eine dieser Gesellen „Jacob Burr der von Güttingen", wird „der zam dürckh" genannt. Köstliche Einfälle sind auch poetisch verkörpert. Eine der zierlichsten Scheiben aus der Spätzeit des XVI. Jahrhunderts (Nr. 148) haben „Volrich Zimmermann Burger zu Wyll und Anna Bumeni von Appenzell sin Eliche Husfrow" gestiftet. Das Hauptstück zeigt beider Wappen, deren Helmzierden eine festlich gekleidete Dame hält, und wohl ist diese Scheibe eine Hochzeitsgabe gewesen, denn die Anspielungen in den Zwickelbildern sind ganz im Sinne dieser Bestimmung gewählt: Einem kosenden Pürchen sitzt oben ein stattlicher Vierziger gegenüber. „Das tun ich all Thag" lässt eine Inschrift jene, und „ich wen(n) ich mag" den Gereifteren sagen. Unten sitzen wieder zwei Männer, rechts ein behäbiger Alter, der sagt: „Ich denk das(s) ich sy auch pflug", während sein Nachbar, ein Greis mit dem Paternoster, die Klage seufzt: „Ach duot mans nach". Drollig wird anderswo durch Wort und Bild die Lebensweisheit gepredigt. Die Scheibe Nr. 282 zeigt Einen, der kopfüber von einem Baume fällt und als Gegenbild einen Anderen, der zwischen zwei

---

[1]) Hippolitus Brunolt Schnittartzet kommt als Stifter einer 1562 datirten Scheibe des Meisters Andreas Hör in Berlin vor. Anzeiger für Schweiz. Alterthumskunde 1879. S. 936 und Anzeiger für Schweizerische Geschichte und Alterthumskunde 1862. S. 59.

Bänken auf den Boden zu sitzen kommt. Die Moral führt der Dichter folgendermassen aus:

   Wer ich nicht also hoch gestiegen   Ich hatt mich gar vil underwunden
   Und wer bey meines gleichen bliben   Auch zweyen Herren dienen kunden
   Hett auch gefolget gutem ralt   Durch gleissnery vnd gross vürwitz
   So fiel ich ietz nicht in das Kaath.   Ich zwischen Zweyen stüllen niedersitz.

Aber schon gegen Ende des XVI. Jahrhunderts verschwindet dieser urwüchsige und naive Ton und es drängt sich, oft mit Betonung des Confessionellen, das religiöse Element und dabei, besonders in protestantischen Widmungen, die breitspurige und doctrinäre Allegorie hervor. Ihres kirchengeschichtlichen Werthes willen sei hier die 1588 datirte Scheibe von Ittingen (Nr. 170) angeführt, welche das Ordenscapitel der Karthäuser zum Gegenstande hat und der Ausführlichkeit wegen, mit der diese Versammlung geschildert ist, zu den bemerkenswerthesten Culturbildern gehört, welche unsere Glasmaler geschaffen haben. Das apostolische Glaubensbekenntniss finden wir auf der sechs Jahre älteren Scheibe Nr. 160 und die katholische Lehre mit aller Breite in einem Glasgemälde (Nr. 273) verherrlicht, das der hochwürdige „Herr Marthinus Kartenhauser, fürstlich bischöflich constanfischer Generalis Commissarius und Pfarrherr zu Appenzell, Chor-Herr zu Bischofzell und des St. Gallischen Landcapitels Dechant" im Jahre 1615 gestiftet hat. Um nichts geschmackvoller sind die reformirten Predigten. Mit greisenhafter Umständlichkeit wird auf einer Scheibe von 1607 (Nr. 247), von den Wundern Mosis in Aegypten gehandelt, in den Nummern 308 und 309 das Thema von dem christlichen Glauben und dem Gottesworte breit geschlagen und auf einer dritten Scheibe (Nr. 301) sogar der Heiland als Apotheker vorgeführt. — Solchen Erfindungen gegenüber sind die Wiederholungen von Murer's Emblemata (Nr. 307—316) erquickend zu nennen.

Die Wirksamkeit der Murer von Zürich bezeichnet die Zeit, wo die Glasmalerei die Höhe ihrer Entwickelung bereits überstiegen hatte. Es begann das Raffinement, ein Spielen mit technischen Kniffen und Künsteleien und wie die Composition, so nimmt auch die Behandlung aller Einzelnheiten mehr und mehr das Gepräge des Barocken an. Von Christoph Murer (1558—1614) sind vorzügliche Leistungen vorhanden[1] und Josias (1564—1630) hat mit seinem Namen die Zürcherische Aemterscheibe Nr. 266 bezeichnet. Ausserdem weisen Composition und Technik mehrerer Wappenscheiben auf das Murer'sche Atelier hin. Von Zeitgenossen, deren Werke die Vincent'sche Sammlung besitzt, sind zu nennen der Meister C. S., der auf S. Gallischen Scheiben von 1544—1596 erscheint und vielleicht der St. Galler Caspar Spengler war[2], ferner der Schaffhauser Daniel Lindtmayer (1572 † um 1607 Nr. 155 und 165), Hans Jacob Nüscheler I. von Zürich (1583—1654 Nr. 319 und 320) und Hans Ulrich Jegly von Winterthur (Nr. 330, 336 und 2 Fragmente). Stylistisch und hinsichtlich des technischen Vortrages sind die Werke dieser beiden Letzteren mit den Murer'schen verwandt; sie zeigen aber eine gröbere Behandlung und den Manierismus auf einer noch vorgeschritteneren Bahn.

Nächstdem ist noch eine Anzahl gleichzeitiger Werke von meistens unbekannten Meistern zu nennen, die sich aber als Bestandtheile gemeinsamer Folgen zu erkennen geben: ein Cyklus

---

[1] Die Nummern 154, 158, 244, 264. Eine Atelierprobe Christophs oder des Josias Murer ist ohne Zweifel die schöne Miniature Nr. 185.

[2] Da nur Eine Scheibe (Nr. 44) die Jahreszahl 1544 trägt und die übrigen (Nr. 157, 174, 193 und 234 sowie die ohne Zweifel ebenfalls hieher gehörige Nummer 161) aus den Jahren 1580—1596 stammen, ist anzunehmen, dass es zwei Monogrammisten C.S. gegeben habe.

von Scheiben mit neutestamentlichen Geschichten (Nr. 82—92). Ihr Querformat stimmt mit den Dimensionen der beiden aus Dänikon stammenden Folgen überein. Sie sind aus den Jahren 1585—1610 datirt und eine Andeutung des sel. Herrn Joseph Vincent liess errathen, dass sich diese Glasgemälde in dem Frauenkloster Magdenau bei Flawyl befanden. Wieder so mögen einem thurgauischen oder toggenburgischen Kloster die Nummern 249—258 gewidmet worden sein und zwar einem Cistercienserstifte, wie diess aus den Beziehungen zu Wettingen (Nr. 251) und dem Inhalte der Scheibe Nr. 258 erhellt, welche zweimal das Bild des Ordensstifters zeigt. Die übrigen schildern die Passionsgeschichte von der Geisselung bis zum Pfingstsegen und sie sind sämmtliche mit der Jahreszahl 1608 versehen. Zweimal ist ein Monogramm verzeichnet. Das eine TE ist ohne Zweifel dasjenige des Tobias Erhart von Winterthur (1596—1611)[1]. Der zweite Monogrammist, J. M. Hug, hat sich auf einer 1610 datirten Scheibe im Hôtel Cluny in Paris mit seinem vollen Namen: „Hans Melcher Schmitter genand Hug, Burger und Glasmaler zu Wyl in Thurgaewe" unterzeichnet.[2] Weiter sind zu nennen die Standesscheiben Nr. 297 bis 299 von 1626, welche die Wappen von Luzern, Unterwalden und Zug nebst den Schutzpatronen dieser Orte weisen und die aus dem nämlichen Jahre stammende Folge von Klosterscheiben Nr. 290—296, deren meiste die Namen von schweizerischen Benedictiner-Aebten tragen. Zu den Meistern, die in der Wende des XVI. und XVII. Jahrhunderts beschäftigt waren, gehört auch der Unbekannte WB. Sein Monogramm, das in der Vincent'schen Sammlung viermal erscheint, kommt ausserdem mehrfach auf Scheiben aus den Jahren 1588—1615 vor[3] und Alles spricht dafür, dass er seine Werkstätte in dem heutigen Canton St. Gallen hatte.

Unter Denen, die in der zweiten Hälfte des XVII. Jahrhunderts wirkten, sind Jacob Weber II. von Winterthur (1637 † 1685) und der unbekannte Meister HCG durch besonders zahlreiche Arbeiten vertreten. Der Letztere scheint wieder ein St. Galler gewesen zu sein, da seine sämmtlichen Auftraggeber theils aus diesem Cantone, theils aus dem benachbarten Thurgau und Appenzellerlande stammten. Auch Michael Müller von Zug († 1682)[4] und die Spengler von Constanz reihen sich dieser Gruppe an. Die Genealogie dieser letztgenannten Künstlerfamilie ist, meines Wissens, noch nicht festgestellt und es wird auch schwierig sein, über dieselbe sich vollständige Klarheit zu verschaffen[5], sind doch in dem Vincent'schen Besitze allein die Arbeiten von mindestens sechs Spenglern vorhanden. Begnügen wir uns desshalb, darauf hinzuweisen, dass die Spengler und Müller die letzte Entwickelungsphase der Glasmalerei in der deutschen Schweiz und deren Nachbargebieten vertreten. Besonders in technischer Hinsicht sind ihre Werke charakteristisch, indem sie zeigen, wohin das Streben führte, das seit dem Ende des XVI. Jahrhunderts immer mehr darauf gerichtet war, möglichst viele Farben auf Einem Stücke zu vereinigen, mit anderen Worten, soweit dies nur immer anging auf Mosaicirung zu verzichten. Mag man diesen Meistern für den sauberen Fleiss, den sie auf die Ausführung verlegten, alle Anerkennung zollen, so bleibt

---

[1] Gef. Mittheilung des Herrn Dr. Hermann Meyer-Zeller in Zürich.
[2] Anzeiger für Schweizer. Geschichte und Alterthumskunde 1859. S. 66.
[3] Vergl. das Verzeichniss der Monogramme im Anhang.
[4] Von ihm sind die sehr fein durchgeführten Scheiben Nr. 358—362 verfertigt.
[5] Einige unzusammenhängende Notizen über die Spengler hat J. Marmor in seinem Aufsatze, das alte Konstanz seine Entstehung, seine Kunstschätze und Künstler im LX. Hefte der „Jahrbücher des Vereins von Alterthumsfreunden im Rheinlande". Bonn 1877 S. 39 u. f. gegeben. Vergl. dazu das Monogrammenverzeichniss im Anhange unseres Kataloges.

eben unbestritten, dass ihre Werke des farbigen Reizes, den ältere Glasgemälde ausüben, entbehren und meistens trüb und schmutzig, oder grell und unharmonisch wirken. Die rechte Farbenlust war den Künstlern seit der Mitte des XVII. Jahrhunderts überhaupt abhanden gekommen. Ist dies unter dem Druck der Mode geschehen, die auch in anderen Kunstübungen, in der Façadenmalerei und dem Schmucke der Kachelöfen die monochrome Behandlung bevorzugte, oder geschah es aus dem Bewusstsein des technischen Bankerottes? — genug, wir sehen, wie von da an, die sogenannten Grisaillen d. h. die grau in Grau gemalten Fenster zu den mehr und mehr begehrten Schildereien gehören. Eine Serie, welche in sehr bemerkenswerther Weise den Übergang zu dieser neuen Technik bezeichnet, bilden die 1679 datirten Scheiben Nr. 366—369 ¹). Sie zeigen, meistens paarweise nebeneinander gestellt, die Wappen zürcherischer Familien. Nur diese Wappen sind bunt, und zwar ist Roth noch ein schönes, feuriges Ueberfangglas, ausserdem sind die Guirlanden mit dem klaren, hochaufgeschmolzenen Grün gemalt, das bekanntlich zu den Lieblingsfarben der späteren Techniker gehörte, alles Uebrige dagegen, die Umrahmung mit toskanischen Säulen und einem dorischen Gebälke ist grau in Grau gehalten.

Wer sich mit Glasmalerei befasst, der weiss, dass Grisaillen nicht zu den gesuchten Werken gehören; sie stellen meistens die partie honteuse der Sammlungen dar. Im Vincent'schen Besitze ist aber auch diese Gattung durch musterhafte Leistungen vertreten. Zwei Serien insbesondere ragen hervor: die 1666 datirte Folge Nr. 398—405, die sich nach Mittheilung des sel. Herrn Joseph Vincent in dem Schlösschen R e b s t e i n im St. Gallischen Rheinthale befand, und vier Scheiben von 1686 (Nr. 413—416). Diese letzteren stellen jeweilig über den Wappen des Ehepaares die Ansicht eines zürcherischen Schlosses — Forsteck, Grüningen, Kiburg und Regensberg — dar, umgeben von lateinischen Sentenzen und lehrhaften Versen. In den erstgenannten Scheiben dagegen nimmt das Bild den Hauptraum ein und zwar sind hier theils Abraham Diepenbeck's Illustrationen zu den Metamorphosen Ovids, theils ebenso ausführlich, nach unbekannten Vorlagen, eine Reihe von alttestamentlichen Begebenheiten gemalt. Zu bemerken ist, dass weder Architekturen, noch Ornamente diese Bilder umrahmen. Die Basis nimmt jedesmal zwischen den Wappen zürcherischer Edelleute und Patrizier eine Inschrift mit den langen Titulaturen dieser Stifter ein. Dass ein solches Verhältniss des Bildes zur Scheibe den strengen Gesetzen der Glasmalerei widerspricht, bleibt unbestritten, aber diese waren auch damals schon längst ausser Kraft gesetzt. In jedem Falle bleibt aber Eines der Bewunderung werth, das ist die Virtuosität, die sich in der Ausführung offenbart. Die Modellirung zeigt volle Kraft mit einer samtnenen Weichheit verbunden und einzelne Effecte, besonders der Naturerscheinungen: der Sternenhimmel bei Jakobs Traum, die balligen Wolken auf dem Bilde von Elias Himmelfahrt und der Regenguss bei der Sündfluth sind mit grosser malerischer Kraft zur Anschauung gebracht.

Die Umschau ist vollendet. Sie ist unsere Letzte, denn nur noch eine kurze Spanne ist vergönnt, um diese Schätze zu bewundern, die uns so oft eine Quelle des Genusses und mannigfaltiger Belehrungen waren ²). Ein befreundeter Mitarbeiter, dessen Worte auch schon citirt worden

---

¹) Ein fünftes Stück, welches zu dieser Folge gehört (Katalog der Gruppe 3⁸ der schweizerischen Landesausstellung Nr. 134) befindet sich seit dem Jahre 1869 im Besitze des Verfassers.

²) Ich benütze diesen Anlass gerne, um den Herren V i n c e n t, C o s t a n t i n o, P a o l o N i c o l a und C o u r a d o, für die stets hingebende Unterstützung meiner Studien, als auch den Mitarbeitern Herrn Consul H. A u g s t in Zürich

sind, führt aus, dass die Bürki'sche und die Vincent'sche Sammlungen sich auf wunderbare Weise
ergänzt und zusammen ein vollständiges Bild der Entwickelung der schweizerischen Glasmalerei
gegeben haben würden. Leider war im Jahre 1881 der Sinn für die alte einheimische Kunst noch
nicht allgemein erwacht. Der Anstoss zu einer besseren Erkenntniss ging von der zwei Jahre später
abgehaltenen Landesausstellung in Zürich und nicht zum Geringsten von der glänzenden Gruppe
der Glasmalereien aus. Fügen wir bei: der jüngste Beschluss, der von einer obersten Landesbehörde
gefasst worden ist, giebt der Hoffnung Raum, dass dieser Erkenntniss auch die Opferfreudigkeit zur
Seite stehen werde, wenn die Gelegenheit sich bietet, der Heimath ihr längst entfremdete Schätze
zurück zu erwerben.

und Herrn Zeichnungslehrer Adalbert Voekinger in Stans für kundige Rathschläge und umsichtige Hilfeleistung
herzlich zu danken.

Beschreibendes Verzeichniss der Glasgemälde.

Die Bemerkungen über den Erhaltungszustand der einzelnen Stücke sind von Herrn Consul H. Angst in Zürich gesammelt. Die Maasse sind innerhalb der Bleifassung (im Lichten) genommen; rechts und links gelten als Bezeichnungen vom Beschauer aus. Die Notiz (d. B) vor einer Inschrift bedeutet, dass dieselbe mit deutschen Buchstaben verzeichnet ist.

Nr. 1. XIV. Jhdt. Ein gothischer Vierpass umschliesst ein Medaillon mit dem Christuskopfe. Durchmesser 0,54. Gut erhalten.

Nr. 2. XIV.—XV. Jhdt. 18 gothische Maasswerkfüllungen.

Nr. 3. XIV.—XV. Jhdt. 17 gothische Maasswerkfüllungen.

Nr. 4. 1322. 3 gothische Maasswerkfüllungen aus dem Chorfenster der Klosterkirche von Hauterive im Canton Freiburg (cf. Rahn, Gesch. der bild. Künste in der Schweiz p. 551 Note und p. 599 u. s. w.). Nr. 3. Ein Adler sitzt mit 2 seiner Jungen auf dem Neste. Nr. 3a. Der Adler brütet seine Eier durch die Kraft des Blickes aus. No. 3b der Phönix schwebt aus der Flamme empor. Durchmesser 0,21 - 0,24.

Nr. 5. XIV. Jhdt. Rundscheibe mit Agnus Dei, auf rothem Grund. Herkunft unbekannt. Durchmesser 0,285. Intact; einige Risschen.

Nr. 6—6a. Ende XV. Zwei Maasswerkfüllungen: kämpfende Männer. Weiss auf rothem Damast; angeblich aus einer Kirche der französischen Schweiz. 0,31 h., 0,38 br. und 0,41 h., 0,39 br.

Nr. 6b. Weisse Ornamentfüllung eines rothen Dreipasses, gleiche Provenienz. 0,37 h., 0,35 br.

Nr. 7 und 7a. Zwei blaue Fischblasen mit musicirenden Engeln von schwungvollem Rankenwerk umgeben. Spätgothische Werke von zartester Ausführung. 0,82 h., 0,38 br. Gut erhalten. 2 Stücke fehlen.

Nr. 8. XV. Jhdt. Rundscheibe. Auf blauem Rankendamast mit purpurner Umrahmung steht ein gelber Schild mit fünf schwarzen Bergen. Durchmesser 0,215. Erhaltung gut; im Rand ein Defect.

Nr. 9. XV. Jhdt. Gegenstück zu No. 8. Gothische Rundscheibe. Auf grünem Rankendamast mit purpurner Umrahmung steht ein schwarzer Schild mit aufrechtem weissem Einhorne. Durchmesser 0,21. Leidlich erhalten; etwas rostig und zersprungen.

Nr. 10. XV. Jhdt. Wappen der von Englisperg auf blauem Rankendamast und gelbem Fliessenboden. Gut erhalten. 0,275 h., 0,18 br.

Nr. 11. Ende des XV. — Anfang XVI. Jhdts. Rundscheibe. Grisaille. Die thronende S. Katharina hält auf dem Schoosse ein offenes Buch und die Linke auf das Schwert gestützt, zu Füssen der Heiligen das zerbrochene Zackenrad. Schwarzer Grund.

Durchmesser 0,135. Tadellos erhalten.

Nr. 12. Anfang XVI. Jhdt. Das gothisirende Rundbild, grau und gelb gemalt, stellt den Abschied Christi von seiner Mutter dar.

Durchmesser 0,28. Mittelstück stark verrostet. Die Doppelumrahmung aus mittelalterlichen Fragmenten ist fremde Zuthat.

Nr. 13. Anfang XVI. Jhdt. Rundscheibe. Grisaille mit blauer gothisch stylisirter Rankenbordüre. Madonna als Mutter des Erbarmens. Zwei seitwärts schwebende Engel halten den Saum des Mantels, unter welchem zu Füssen der Madonna Papst und König mit geistlichem und weltlichem Gefolge knieen.

Durchmesser 0,19. Gut erhalten; einige Nothbleie im Rand.

Nr. 14. Anfang XVI. Jhdt. Auf schwarzem Grunde grau und gelb gemalt Crucifixus zwischen Maria und Johannes. Gothisches Rundscheibchen.

Durchmesser 0,116. Tadellos erhalten.

Nr. 15. Anfang XVI. Jhdt. Gothische Wappenscheibe. Auf rothem Damast und weissem Fliessenboden hält ein purpurn gekleideter Engel kniend den Schild. Zwei Säulen tragen den Rundbogen aus welchem, die Zwickel füllend, gothische Blattranken wachsen. Ueber dem Scheitel ein Hahn und ein junger Rabe. Der Schild ist senkrecht getheilt. Feld rechts enthält auf Blau einen weissen Thurm. Feld links roth.

0,37 h., 0,267 br. Mangelhaft erhalten; mehrere Risse und Rost.

Nr. 16. Anfang XVI. Jhdt. Ein brauner Flachbogen, der in einem Zuge aus den mit Fialen besetzten Pfeilern wächst, umschliesst den blauen Grund. Die Zwickel und die innere Leibung sind mit Blattwerk besetzt. Ein ungewöhnlich sorgfältig durchgeführter Engel im Diakonengewande hält das Wappen der v. Hewen mit offenem goldenem Helm. Grüner Grasboden. Gothisches Capitalstück.

0,453 h., 0,316 br. Etwas defect, sonst gut erhalten.

Nr. 17. Anfang XV. Jhdt. Gothische Wappenscheibe. Schlanke Säulen, durch einen Rundbogen verbunden, neben welchem Distelblätter die Zwickel füllen, umrahmen den blauen Damastgrund. Zwei Engel halten den unbekannten Schild und über demselben drei Blumen. Gothisch: rauhe holzschnittartige Ausführung, derb und ungelenk. Der Schild weist auf rothem Feld ein gelbes Schwein, durch dasselbe geht ein blauer von rechts nach links aufsteigender Schrägbalken.

0,398 h., 0,30 br. Einige Nothbleie und Risse; etwas rostig, sonst gut erhalten.

Nr. 18. Anfang XVI. Jhdt. Blauer und schwarzer Damast, gelber Grasboden, Alliancewappen der Englisperg und Praroman. Umrahmung fehlt.

0,29 h., 0,20 br. Gut erhalten bis auf einige unbedeutende Risse.

Nr. 19. Ende XV. — Anfang XVI. Jhdt. Ein gelber gekehlter Rundbogen, mit Krabben besetzt, umrahmt den blauen Damast, vor welchem auf purpurnem Fliessenboden der Täufer Johannes steht. Er segnet den vor ihm anbetend knieenden Stifter, einen Mönch in schwarzem Habite, über welchem ein Spruchband die Minuskelschrift trägt: „ora . pro . me . sácte . Johañes .“ Zu Füssen Beider stehen, von dem aufrechten Pedum überragt, zwei Schilde, derjenige rechts enthält auf blauem Felde einen weissen Brunnen, der andere Schild mit dem Wappen des Klosters Wettingen ist ein nachträglich eingefügtes Fragment aus der Zeit um 1530.

0,41 h., 0,325 br. Die architektonische Umrahmung, mit Ausnahme der oberen Ecke rechts, ist neu. Sonst gut erhalten.

Nr. 20. Fragment eines braun in Braun mit Silbergelb gemalten Kopfstückes. Der betrunkene Noah wird von seinen Söhnen verspottet. Zwischen Letzteren eine Bandrolle mit der Minuskelinschrift: hör ouch des andrë Stim 1514. Ohne Zweifel eine Arbeit des Urs Graf.

0,108 h., 0,315 br. Gut erhalten; ein Riss.

Nr. 21. Bekrönung der 1522 datirten Chorfenster in der Kirche von Utzenstorf, Ct. Bern, (vergl. Anzeiger für schweiz. Alterthumskunde 1882. S. 251.)

0,41 h., 0,46 br. Complet, aber verrostet.

Nr. 22. Circa 1520. Fragment. Von einem grösseren Bilde, das die Anbetung des Neugeborenen durch Joseph und Maria darstellt, sind die Halbfiguren der Eltern und das Kindlein in einer Glorie erhalten.

0,145 h., 0,29 br.

Nr. 23. Derbe aber decorativ vorzüglich wirkende Arbeit aus der Zeit um 1520. Auf blauem Wolkengrunde thront auf dem Regenbogen der Weltenrichter. Ein Spruchband über ihm enthält die Minuskelinschrift: „Richt . als . dv . gericht . welist . werden." Unten links knieen betend die Madonna und Johannes der Täufer. Rechts zwei profane Männer, von denen einer in einem Buche liest. Zwischen beiden Gruppen sieht man drei nackte auferstehende Gestalten.

0,41 h., 0,263 br. Gut erhalten bis auf einige Risse.

Nr. 24. Die Umrahmung mit gothischem Astbogen, vor dessen Scheitel ein Spruchband das Datum 1501 enthält, ist neu. Auf rothem Damast steht der geharnischte St. Michael, der den Satan überwindet.

0,284 h., 0,228 br. Erhaltung mangelhaft; verbleit und rissig.

Nr. 25. Standesscheibe von Zug. Der aufrechte Schild wird von einer Krone überragt und von zwei Löwen flankirt, deren einer die Reichsfahne, der andere das Standespanner hält. Rother und schwarzer Damast, violetter Astbogen, im Scheitel desselben 1511. Auf der Zugerfahne enthält das Eckbild die Pieta.

0,45 h., 0,345 br. Gut erhalten bis auf einige Risse; etwas Rost.

No. 26. Dessgleichen. Gleiche Anordnung. Als Pannerträger zwei Engel in Diakonengewändern, blauer und schwarzer Damast, brauner Astbogen. In den Zwickeln zwei Landsknechte. Im Scheitel 1511.

0,448 h., 0,345 br. Gut erhalten; einige Risse. Die Pfosten sind neu.

Nr. 27. Auf rothem Damast steht die Madonna in einer gelben Glorie. Auf dem grünen Boden zu ihren Füssen stehen zwei unbekannte Schilde. (Der eine vielleicht derjenige des Praemonstratenserklosters Rüti im Canton Zürich; der andere weist auf Gelb zwei schwarze schräggekreuzte Ofengabeln, unter denen eine rothe Blume.) Graue Pfeiler, mit gothischen Ranken geschmückt, tragen einen flachen Astbogen, über welchem zwei posaunenblasende Engel knieen. An den Sockeln zweimal das Datum 1517.

0,56 h., 0,39 br. Ein Theil des Damastes fehlt.

Nr. 28. Anfang XVI. Jhdt. Ein von schlanken Säulen getragener Rundbogen, über welchem, gran und gelb gemalt, musicirende Engel die Zwickel füllen, umrahmt die Gestalt der Madonna in der Glorie. Zu Füssen der Schild von Constanz. Rother Damast.

0,79 h., 0,468 br. Erhaltung gut; einige Nothbleie und Risse.

Nr. 29. Seitenstück zu Nr. 28. Auf rothem Damast stehen SS. Conrad und Pelagius, zu ihren Füssen der Schild von Constanz.

0,79 h., 0,478 br. Verschiedene Flickstücke, Risse und Verbleiungen.

Nr. 30—30 a. Doppelscheibe von 1517. Zwei gewundene Säulen tragen den aus grünem Blattwerk bestehenden Flachbogen. Oben in dem Zwickel links werden SS. Felix, Regula und Exuperantius gegeisselt, rechts dieselben Märtyrer in Oel gesotten. Hauptbild auf rothem und schwarzem Damast: links empfängt Christus mit segnender Geberde S. Regula, von rechts folgen SS. Felix und Exuperantius. Ueber beiden Gruppen schlingt sich eine weisse Bandrolle mit der Minuskelinschrift „venite benedicti patris mei precipite regnum 1517." Am Fusse von prächtig stilisirtem Blattwerk umgeben, links der gekrönte Reichsschild, rechts der Standesschild von Zürich.

0,93 h., 0 40 br. Gut erhalten bis auf eine Anzahl kleiner Flickstücke, verschiedene Risse und Verbleiungen.

Nr. 31—31 a. Doppelscheibe von 1517. „die gemein landvogty. zvo Frowenfeld 1517." Die gemeinsame Umrahmung bildet ein meergrüner Astbogen, über demselben vier Flügelknaben, spielend und an der rosenfarbigen Guirlande kletternd, welche von den oberen Ecken flachbogig herunter hängt. Ein um die Guirlande geschlungenes Band enthält die Capitalinschrift: GLORIA IN EXCELSIS DEO. AVE MARIA GRACIA PLENA." Der Grund ist purpurner und schwarzer Damast. Darauf links Krönung Mariæ, rechts Crucifixus zwischen Maria und Johannes. Als Basis beider Compositionen dient eine polygone rosenfarbige Console. Am Fuss derselben das Reichswappen und die Standesschilde von Zürich, Luzern und Uri, rechts diejenigen von Schwyz, Unterwalden, Zug und Glarus. Ein darunter befindliches weisses Band enthält die oben angeführte Minuskelinschrift. Dasselbe Datum an der Front der Consolen.

0,97 h., 0,40 br. Erhaltung gut; einige Bleie und Risse.

Nr. 32. Die Umrahmung fehlt. Derbe Prälatenscheibe im Style des beginnenden XVI. Jahrhunderts. Zwischen SS. Conrad und Pelagius steht, von der Inful überragt, der écartelirte Schild des bischöflichen Stifters. Hugo von Hohen-Landenberg von Constanz 1496—1531 (Hohen-Landenberg und Constanz). Ueber der Inful schwebt auf der Mondsichel, von einer blauen Wolkenglorie umgeben, die Halbfigur der Madonna.

0,41 h., 0,41 br. Erhaltung mittelmässig; mehrere Flickstücke, Nothbleie und Rost.

Nr. 33. 1527. Die Bekrönung bilden, grau und gelb gemalt, zwei Männer, sie halten Schilde und endigen unten in gegenseitig verschlungenes Rankenwerk. Vor dem purpurnen Damastgrunde steht der landsknechtisch gekleidete Gatte, dem sein jugendliches Weib den Willkomm bietet; dazwischen der Schild. Unterschrift: „MELCHER . GISSLER . LANDFOGT . ZŮ . RINEG . VND .

IM . GANZEN . RINTALL 1527." Monogramm **L S T**

0,312 h., 0,212 br. Gut erhalten; ein Defect, rostig.

Nr. 34. Fragment aus der Zeit um 1530. Der Ecce homo wird von Pilatus dem Volke gezeigt. Monogramm **HR MD** (Hans Rudolf Manuel Deutsch).

0,257 h., 0,215 br. Mangelhaft erhalten; verbleit und Risse.

Nr. 35. Fragment, Mittelstück einer Cabinetscheibe aus der Zeit um 1530. Eine Edeldame hält auf rothem Damast das vornehm stylisirte unbekannte Wappen. (Drei waagrechte Hirschhörner auf gelb. Auf dem Helm ein Pfauenbusch.)

Nr. 36. Fragment einer noch gothisirenden Cabinetscheibe. Ca. 1530. Auf rothem Damast steht neben dem flott stylisirten Wappen der Muntprat der hl. Bischof Conrad. Kein Datum.

0,211 h., 0,178 br. Erhaltung gut; ein grosses Flickstück.

Nr. 37. Ein bartloser Mann hält in verkürzter Haltung eine Tafel mit dem Datum 1531. Holbeinstyl. Fragment.

0,10 h., 0,11 br.

Nr. 38. Cabinetscheibe aus der Zeit zwischen 1520—1530. Auf rothem Damast ein unbekanntes vortrefflich stylisirtes Wappen. (Kleinod ein geharnischter baarhäuptiger Knabe hält einen Rechen. Helmdecke schwarz und gelb. Der schwarz und gelb gevierte Schild weist zwei schräg gekreuzte Rechen und zwischen denselben über Kreuz 4 Sterne, gleich den Rechen, in umgekehrter Farbenstellung halbirt.

0,256 h., 0,185 br.

Nr. 39. Exquisit durchgeführtes Rundscheibchen aus der Zeit um 1540. Auf violettem und schwarzem Damast die prächtig stylisirten Alliance-Wappen von Hinweil und Hohen-Laudenberg.

Durchmesser 0,16. Sehr gut erhalten. Abgebildet in Meisterwerke der schweiz. Glasmalerei Taf. 53.

Nr. 40. Rundscheibe mit dem Wappen der zürcherischen Familie Engel-Wirz. Zu Seiten desselben steht auf violettem und schwarzem Damast ein wilder Mann, im Hintergrunde ein Thronbau in feinem Renaissancestyl. Die weisse Bordüre ist viermal von blauen Kränzen unterbrochen, welche drei Büsten von Königen und einer Dame umschliessen, dazwischen grau in Grau mit Silbergelb gemalt, oben Abrahams Opfer, unten zwei Spruchbänder mit der Capitalinschrift: „BVRCK-HART . WIRCZ . DER . ZIT . 1542 . VNDERSCHRIBER . DER . STAT . ZVRICH.", exquisiteste Technik und höchste Vollendung. Vielleicht eine Arbeit des Karl v. Aegeri.

Durchmesser 0,266. Gut erhalten; links oben ein Defect.

Nr. 41. Rundscheibe. Gegenstück zu der vorigen. Vor einem grünen Wiesenplan, auf welchem man das Schlösschen Bellikon zu erkennen glaubt, stehen die Alliance-Wappen der Krieg und Hösch. Zwischen den braunen Kränzen, welche die Bordüre unterbrechen, oben links Versuchung Josephs, rechts dessen Einkerkerung, unten zwei reich verschlungene Baudrollen mit der Capitalinschrift: „JACOB . KRIEG . VON . BELLIKON . VND . MADELLEN . HÖSCHIN . 1542."

Durchmesser 0,267. Gut erhalten; einige Sprünge.

Nr. 42. Runde Aemterscheibe von Zürich 1544. Exquisite Technik. In den ornamentalen Zuthaten frische Renaissance-Motive.

Durchmesser 0,195. Tadellos erhalten.

Nr. 43. Zwei gebauchte Säulen tragen einen astigen Flachbogen, über welchem zwei Bauern mit einem Viergespann den Acker pflügen. Darunter stehen auf rothem Damast die Madonna in einer

Strahlenglorie und der Pilger Jakobus. Auf dem grünen Fuss das Monogramm:

und die Inschrift: „Die gemein . zu . gechelingen."

0,395 h., 0,31 br. Gut erhalten, aber stark gerostet.

Nr. 44. Unterschrift in d. B. „Lorentz Zollikoffer vnd Dorothea Von Watt fein Ehliche hauffrow Anno Domini. 15.44." Auf weissem Grund die Alliance-Wappen. Drei Säulen tragen einen aus Rollwerk gebildeten Architrav, oben links Jakobs Traum, rechts Jakob mit dem Engel ringend. Sehr fleissige, wenn auch keineswegs geistvolle Arbeit. Monogramm: •**C**.**S**•

0,385 h., 0,205 br. Erhaltung tadellos.

Nr. 45. Am Fuss der Scheibe in einer blauen Tafel „die stat frowefeld" 1543. Rosenrothes Pilasterwerk, durch Flachbögen verbunden, gliedert die Scheibe in drei Theile. Die breitere Mitte enthält unten, auf einem grünen Teppich das städtische Wappen. Darüber sieht man den Bau des Schlosses Frauenfeld. In der Mitte des durchgehenden Kopfstückes ein waagrecht oben schwarz, unten gelb getheilter Schild, in welchem in umgekehrter Farbenstellung ein springendes Schaf. Zu Seiten eine Hirschjagd. Die Scenen, die sich in den Seitenflügeln von grauem Damaste abheben, sind von oben angefangen: links 1) Ein Page und eine Jungfrau reichen sich die Hände; 2) Ein vornehmer Herr steht in lebhafter Unterredung mit einer Gruppe von Männern; 3) Die Edeldame kniet vor dem Abte von Reichenau, der unter seinem Wappenbaldachine steht. — Rechts: 1) Derselbe Prälat, unter dem Baldachine stehend, empfängt den edlen Herrn, der von zwei Männern gefolgt wird; 2) Derselbe Edelmann von einem Anderen gefolgt, überreicht einer vornehmen Dame den Schild der Stadt Fragenfeld; 3) Die Edeldame und ihre Begleiterin werden zu Pferde von einem Diener in das Stadtthor geführt.

0,56 h., 0,41 br. Nothbleie, Risse und etwas Rost, sonst gut erhalten.

Nr. 46. „Das Wirdigē gotzhus orde. s. bernhartz in der magerē ouw zu friburg 1547" (Cisterzienserinnen-Kloster Maigrauge bei Freiburg), der Schild von Citeaux mit senkrechtem Pedum begleitet von SS. Bernhard und Benedict. Weisser und schwarzer Damast. Zwei Candelabersäulen tragen einen Flachbogen, darüber zwischen posaunenden Engeln die Formel J. H. S.

0,316 h., 0,227 br. Gut erhalten.

Nr. 47. „Der Ober Pundt 1548." Der senkrecht schwarz und weiss getheilte Schild auf blauem Damast von zwei Hellebardieren bewacht. Ueber den gelben Voluten, die von einer rothen Mittelsäule getragen werden, eine Landsknechtschlacht. Wahrscheinlich Carl von Ägeri.

0,41 h., 0,30 br. Erhaltung gut; einige Bleie und Risse, etwas verblasst. Inschrift neu.

Nr. 48. „Fridle gerster 1548." Gleiche Anordnung des Schildes und der Landsknechte wie bei der vorigen Nummer. Blauer Damast. Ueber dem gelben Spitzgiebel Kampf eines Ritters gegen Musketier und Landsknecht. Muthmasslich Carl von Ägeri.

0,408 h., 0,305 br. Erhaltung gut; einige Risse, etwas verblasst und blasig.

Nr. 49. Zu Füssen der Pannerträger die Schilde von St. Gallen und Wyl; dieselben Zeichen in den Pannern. Blauer Damast. Candelabersäulen mit Flachbogen, über welchem ein schönes Rankenwerk die gelben Zwickel füllt, circa 1545.

0,437 h., 0,325 br. Tadellos erhalten.

Nr. 50. Auf rothem Damast zwischen Candelabersäulen steht der geharnischte Pannerträger von Luzern. Im Eckquartier der Fahne Christus am Oelberg. Zu Füssen 1553 und der von dem Reichswappen überragte Standesschild. Oben SS. Maurizius und Leodegar.

0,30 h., 0,212 br. Intact, aber rostig.

Nr. 51. Krönung Mariae in gelber Glorie. Unten vor einer grau und blau gemalten Landschaft die Wappen von Rapperswyl, Wettingen und des Abtes Petrus Eichhorn. Daneben der betende Abt. Am Fusse die Inschrift: „PETRVS VON GOTTES GNADEN ABBTE DES GOTZ-HVS WETINGE , 1556.“

0,305 h., 0,208 br. Defect; Kopfstück und Zwickel fehlen.

Nr. 52. Zwei Säulen mit schweren rothen Kapitälen bilden mit den violetten kielförmig ansteigenden Voluten die Umrahmung, durch die man in der Ferne eine Stadt am See erblickt. Den Mittelgrund begrenzt eine Mauer, vor welcher zu Seiten ihres Wappens Mann und Frau, der Erstere mit Schwert und Panzerkragen stehen. Ein Spruchband am Fuss enthält die Inschrift d. B.: „Michel Feifs Elsbet Hatzenbergyn sin eliche husfrow 1559.“ Die kleinen Kopfstücke stellen das Gastmal des reichen Mannes und seine Strafe in der Hölle dar.

0,395 h., 0,295 br. Stark verrostet; einige Risse, sonst gut erhalten.

Nr. 53. Unterschrift d. B. „Hans Wyfs Der Zittt Des Radetz Vnd Zügher, Vnd Michell Zender Zügmeister Der Statt Bern 1559.“ Vor dem von 3 Pfeilern getragenen Doppelbogen stehen zu Seiten der geneigten Schilde zwei geharnischte Musketiere. Darüber eine Sippschaft von Bären, die sich durch Reife tummeln.

0,42 h., 0,315 br. Erhaltung gut; der Schild rechts spätere Arbeit; einige Risse.

Nr. 54. Standesscheibe von Zürich 1561, vermuthlich eine Arbeit des Karl von Ägeri: zwei Löwen mit Schwert und Panner flankiren das Reichswappen über den geneigten Standesschilden. Rother Damast. gekuppelte Säulen; über den grünen Voluten Moses vor dem Dornbusch nach Holbeins Altem Testament.

0,425 h., 0,305 br. Erhaltung gut; einige Nothbleie und Risse.

Nr. 55. Links eine Kandelabersäule. Auf rothem Damastgrund steht ein Hellebardier, dem die gelb gekleidete Frau den Willkomm bringt. Ueber dem blauen noch gothisirenden Flachbogen eine Bärenjagd. Derbe, gut wirkende Arbeit. Am Fusse die Inschrift (d. B.): „Hanf Rittman 1561“.

0,323 h., 0,212 br. Mittelmässig erhalten, verblasst und theilweise rostig; Oberkörper der männlichen Figur theilweise defect.

Nr. 56 – 76.

Glasgemälde aus dem ehemaligen Cistercienserinnenkloster Daenikon im Ct. Thurgau. I. Cyklus.

Vgl. Rahn im Anzeiger für schweizerische Alterthumskunde 1870, S. 98 u. f. und H. Meyer, Die schweizerische Sitte der Fenster- und Wappenschenkung vom XV. bis XVII. Jahrhundert, p. 303.

Nr. 56. Reiche Hermen-Pilaster setzen unvermittelt mit ihren purpurnen Kapitälen ab. Auf denselben stürmen 2 wilde Männer zu Pferd, der Eine mit einem Pfeil, der Andere mit einem Baumstamme gegen einander an. Ueber der Mauer, welche die ganze Breite des Mittelgrundes einnimmt, sieht man grüne Berge und den weiss bewölkten Himmel. Die Hälfte links im Vordergrunde stellt die Verkündigung Mariä dar. Ueber dem Engel das Monogramm **NB**. Rechts die zeitgenössisch reichgekleideten Personificationen der Fides, Spes, „Charitas“ und Sapientia. Gelber Fliessenboden. In der Mitte vorne kniet die Aebtissin mit Pedum und Rosenkranz vor ihrem Wappen. Links daneben alte Flickstücke, darunter ein Theil eines Grät'schen Wappens in runder Umrahmung, welche die Inschrift (d. B): . . . . . üt Der Zit Verwalterin Des Gotzhus Däniken“ weist. (Die andere Hälfte in Nr. 80 verflickt.) — Datum und Name der Stifterin fehlen.

0,297 h., 0,485 br. Defect. Neue Flickstücke und einige Risse.

Nr. 57. Anbetung der Könige. Am Fusse die Inschrift (d. B): „Melchior galate von Glarnss der Zyt Landtuogt Inn Ober vnd Nider Thurgönw 1559". Ueber der Madonna halten drei Engelchen einen Zettel mit der Inschrift: „ER GOT IN DER HÖH V FRID VF ERD" und dem Monogramm ♏. Gedrungene Säulen tragen einen violetten Flachbogen. In den Zwickeln die Verkündigung Mariae.

0,303 h., 0,465 br. Intact, einige Risse.

Nr. 58. Einfache grüne Pfeiler mit gelben Kämpfern und Basen tragen ein schlichtes blaues Gebälk, in dessen Mitte ein Zettelchen die Inschrift „Anno Dominy 1559" und das Monogr. ᴺᴮ enthält. Der figurenreiche Vorgang in einem prunklosen Saale stellt den Jüngling Christus vor, der im Tempel lehrt; links treten Maria und Joseph herzu. Vorne rechts kniet hinter ihrem Schilde (écartelirt Citeaux und Privatwappen) die betende Stifterin mit Krummstab und Rosenkranz. Am Fusse des Schildes enthält ein Spruchband die Inschrift (d. B): „Affra Schmidi Aptisin zu Felbach . 1559."

0,30 h., 0,492 br. Sehr gut erhalten.

Nr. 59. Stämmige Candelabersäulen schliessen mit schweren rothen Kapitälen ab. Unter den Kapitäl-Voluten hocken, von einander abgewendet, ein Satyr und eine Frau mit Nonnenschleier, beide in den Hintertheil eines Löwen endigend. Ueber den Kapitälen sitzen rechts und links auf einem Pfluge zwei weibliche Gestalten mit vorgehaltenen Ovalschilden; diejenige links ist geflügelt und hält einen Palmzweig. — In der Mitte des Bildes erhebt sich ein Baum. Der Vordergrund ist ein Wiesenplan, über dem sich der blaue Himmel wölbt. Links in der Ferne sieht man eine hoch gelegene Stadt, rechts ein Schloss am Ufer eines See's. Im Vordergrunde links sitzt Christus im Purpurgewande neben einem Ziehbrunnen, vor welchem die im Zeitcostüme stattlich aufgeputzte Samariterin mit dem Kruge steht. Rechts neben Christus das Wappen der Stifterin, hinter welchem Diese, eine feine Patrizierin in rothem Gewande, anbetend kniet. Auf dem weissen Fussbande steht die Inschrift (d. B): „Jungkfrow Biattrix von Grütt . Anno Dominy 1558."

0,28 h., 0,463 br. Etwas defect: zwei Risse, ausserdem fehlen 2 Stücke.

Nr. 60. Den grünen jonischen Pfeilern ist jedesmal eine weibliche Herme vorgesetzt. Am Fusse springen 2 Putti, welche die von den Basen herunter hängenden Schleifen halten. Die Fronten der Gebälkaufsätze sind mit Medaillons geschmückt, welche weibliche Brustbilder umschliessen. Zwei blaue Flachbögen auf einem frei schwebenden gelben Schlusssteine bilden die Bekrönung. Darunter öffnet sich der Einblick in ein reiches Gemach, wo Magdalena die Füsse Christi salbt. Links kniet hinter seinem Wappen der geharnischte Donator; sein bärtiger Kopf ist augenscheinlich Portrait. Vor dem Betenden liegen auf dem Boden Streithammer und Helm. Daneben das Monogramm ᴺᴮ. Auf dem weissen Fussbande steht die Inschrift (d. B): „Benedict vo Herttenftein Difer Zyt Houptmann deß Gotzlnß fant Gallë 1559".

0,301 h., 0,492 br. Intact bis auf einige unbedeutende Risschen.

Nr. 61. Violette Pfeiler mit vorgelegten schlank gebauchten Säulen tragen ein schlichtes rothes Gebälk mit gelbem Mittelstück. Auf den Pfeilern schauen hinter den grünen Säulenkapitälen Harpyien hervor. Bäume und ein Zaun begrenzen im Mittelgrund den grünen Wiesenplan, über welchem der Fernblick auf einen von Bergen umschlossenen See sich öffnet. Rechts am Ufer steht eine Stadt, nach welcher eine Schaar von Männern zieht. Im Vordergrunde nimmt Christus Abschied von seiner Mutter. Diese Darstellung ist eine freie Wiederholung nach Dürers kleiner Holzschnittpassion. Links und rechts im Vordergrunde die Wappen v. Ulm und v. Hinwyl. Auf dem weissen Fussbande steht die Inschrift (d. B): „Hans von Ulm zu Thüffen vnd Barbara vö Ulm geborne von Hinwyl fin Eegmachel 1559." — Monogramm **NB**

0,30 h., 0,482 br. Erhaltung sehr gut bis auf einige Risschen. Abbildung in Meisterwerke der schweizer. Glasmalerei Taf. 39.

Nr. 62. In der aus lauter Flickstücken zusammengesetzten Scheibe geben sich einige Bruchstücke rechts als Bestandtheile des Bildes zu erkennen, welches ziemlich genau nach Dürer's kleiner Holzschnittpassion den Einzug Christi in Jerusalem darstellt. Ausserdem ein Pfeiler, der zur Umrahmung dieses Bildes diente.

Nr. 63. Blaue Pfeiler mit vorgesetzten halbnackten Gestalten — Mann und Frau, welch Letztere ihre beiden Brüste hält — sind mit rothen Basen und Kämpfern versehen. Sie tragen ein grünes mit Blattornamenten geschmücktes Gebälk, in dessen Mitte eine gelbe Cartouche das Monogramm **NB** enthält. In dieser Umrahmung öffnet sich der Einblick in eine tiefe Säulenhalle aus welcher Christus die Händler vertreibt (erweiterte Ausführung nach Dürer's kl. Holzsch. Passion). Links unten ein Spruchband mit der Inschrift (d. B): „Lutzerin".

0,303 h., 0,19 br. Erhaltung gut. Abgebildet in Meisterwerke der schweiz. Glasmalerei Taf. 36.

Nr. 64. Den seitlichen Abschluss bilden dünne rothe Pfeiler mit blauen Kämpfern und Basen. Zu beiden Seiten dieser Stützen stehen Jungfrauen mit entblösstem Oberkörper und Bocksbeinen. Auf den Kämpfern trägt jedesmal eine weibliche Halbfigur einen Fruchtkorb, der von einem nackten Kinde gehalten wird. Andere Genien sitzen und tummeln sich auf den Fruchtschnüren, die von dem gelben Gebälke herunterhängen. Das Abendmahl ist eine ziemlich genaue Wiederholung von Dürer's kl. Holzsch. Passion. Links und rechts die Wappen v. Hallwyl und der Schenk von Castel. Auf dem gelben Fussboden sind Monogramm **NB** und das Datum 1559 verzeichnet.

Auf dem weissen Fussbande, vor dessen Mitte eine Agraffe die Zeichen des schwäbischen Ritterbundes umschliesst, steht die Inschrift (d. B): „Hug von Hallwyl Frow Küngalt Schenkin von Kastel sin Husfrow."

0,30 h., 0,185 br. Einige Risschen, sonst vorzüglich erhalten.

Nr. 65. Das gelbe Gebälk ist mit Aufsätzen von blauem Rollwerk, gelben Kugeln und seine Mitte mit einem grünen Kranze besetzt, der eine weibliche Büste umschliesst. Die seitlichen Stützen sind kräftige Pfeiler mit rothen Kapitälen und Postamenten. Diesen Stützen sind braune spiralförmig gewundene Säulen vorgelegt, neben denen jedesmal zwei Flügelknaben stehen. Die Fusswaschung ist ziemlich genaue Wiederholung von Dürer's kleiner Holzsch. Passion. Links und rechts die Wappen Hohen-Landenberg und Haidenheim; über dem Ersteren hängen vom Architrave an goldener Kette die Insignien des schwäbischen Ritterbundes herab. Den weissen Fussstreifen theilt ein grünes Mittelstück mit dem Datum 1559 und dem Monogramme **• NB •**. Zu beiden Seiten die Inschrift (d. B): „Hug Daniel vö der Hochē Laüdenberg. Wingartischer Hoffmaister Za Hagnow Elfbethen von Hochenulandenberg geborne vö Haidenhaim fin Eegmachell".

0,303 h., 0,193 br. Intact bis auf einige Risse.

Nr. 66. Ein rother fünffach gebrochener Bogen mit gelbem Schlussstein ist seitwärts mit ruhenden Frauengestalten besetzt. Zwei andere Frauen tragen mit den über dem Haupte verschränkten Armen die violetten Säulenkapitäle. Die Beine dieser nackten Figuren sind mit gelben Schnüren zusammengeflochten. Hinter den Frauen stehen gelbe Pfeiler auf grünen Postamenten, deren Fronte ein Stierschädel schmückt. Ein weisses Spruchband am Fuss der Scheibe enthält die Aufschrift (d. B): „Cafpar Ludwig von Haidenhaim Zu Klingenberg vnd Elfbethn vö Haidehaim geborne Richlin von Meldeck fin Eegmachel 1559“. Monogramm . Das Gebet am Oelberg ist mit unwesentlichen Aenderungen nach Dürer's kl. Holzschn. Passion wiederholt. Links und rechts die Wappen Haidenheim und Reichlin-Meldeck.

0,30 h., 0,484 br. Einige kleine Risse; sonst intact.

Nr. 67. Die seitlichen Stützen sind gelbe Pfeiler mit violetten Kapitälen und Basen; davor steht eine leicht gewandete Frauengestalt, die eine Vase mit Früchten auf dem Haupte trägt. Die gelben Postamente sind mit den Medaillon-Büsten eines Jünglings und einer Jungfrau geschmückt. Den horizontalen Abschluss bildet ein gelbes Gebälk, über welchem kurze Pfeiler von derselben Farbe metopenähnliche Oeffnungen begrenzen. In denselben sind, grau in Grau sitzende Kinder gemalt, die mit Schlangen spielen. Der Mitte dieses Frieses sind zwei purpurne Kinderfiguren vorgesetzt, die, mit Flügeln und Hinterleib eines Drachen versehen, sich umarmen. Die Gefangennahme Christi ist eine fast buchstäbliche Wiederholung von Dürer's kleiner Holzschn. Passion. Links und rechts die Wappen Castelmur und Ramschwag. Das weisse Fussband enthält die Inschrift (d. B): „Criftoffel von Kaftelmur Amenlya von Ramfchwag“. Auf dem violetten Mitteltäfelchen steht das Monogramm .

0,301 h., 0,495 br. Erhaltung tadellos.

Nr. 68. Schwere gelbe Pfeiler, von ruhenden Löwen getragen, schliessen mit rothen Kämpfern und Postamenten ab. Den Letzteren sind blaue Rundsockel mit Widderköpfen vorgesetzt. Darauf stehen, als Träger der vorgekröpften weissen Gebälkansätze, Mann und Frau. Sie sind in blaue Tücher gehüllt; die Stelle der Beine vertreten verschlungene Baumwurzeln. Von den Pfeilern steigen nach der Mitte im Flachbogen zwei violette Voluten an, von denen grüne Fruchtschnüre herunterhängen. Das Hauptbild: Christus vor Hannas ist ziemlich genau nach Dürer's kleiner Holzschn. Passion copirt. Links der aufrechte Schild von Zug von dem gekrönten Reichswappen überragt. Unten, wo eine blaue Agraffe in der Mitte das Monogramm enthält, steht auf grünem Fussband die Widmung (d. B): „Die Statt Zug Anno Domini 155?“.

0,305 h., 0,492 br. Mehrere grössere Risse, sonst intact.

Nr. 69. Violetten Pfeilern auf blauen Sockeln sind grüne schlank geschwellte Säulen mit blauen Kapitälen vorgesetzt. Von den Pfeilern steigt ein fünffach gebrochener rother Flachbogen nach dem grünen Schlusssteine an. Die Darstellung des Hohenpriesters, der seine Kleider zerreisst, ist ziemlich genau nach Dürer's kleiner Holzschn. Passion wiederholt. Schild links fehlt. Das Wappen rechts (auf Schwarz ein schräger gelber Pfahl, auf dem Helm ein schwarzer halber Steinbock) ist unbekannt. Auf dem gelben Fussboden das Monogramm . Von der

Inschrift am Fuss der Scheibe sind nur noch Anfang und Ende erhalten (d. B): „Erafym . . . . .
. . . . myn sin Huūfrow".

0, 305 h., 0,486 br. Defect: es fehlen 5 Stücke.

Nr. 70. Die Seitenstützen sind gelbe Pfeiler mit grünen Basen und rothen Kämpfern mit
vorgesetzten weiblichen Hermen. Die Bekrönung bildet ein Flachbogen von blauen Voluten. Ueber
den Pfeilern ruhen zwei Engel, sie tragen mit erhobenen Armen ein gelbes Gebälk. Die Ver-
spottung Christi ist Wiederholung von Dürer's kleiner Holzschn. Passion. Links das drei-
hehnige Wappen der Giel. Das weisse Fussband enthält die Inschrift (d. B): „Chriftoffel Giell

von Gielfperg 1559". In der Mitte eine rothe Scheibe mit dem Monogramm **ΛB**

0,31 h., 0,49 br. Sehr defect, Flickstücke und Nothbleie, ausserdem ziemlich rostig.

Nr. 71. Blaue Pfeiler tragen einen grünen Flachbogen mit violettem Schlussstein. In den
seitlichen Zwickeln sieht man hinter den hermenartigen Aufsätzen je 3 kniende und ruhende Männer
und Knaben. Der Vorgang: Christus vor Herodes ist ziemlich genau nach Dürer's kleiner
Holzschn. Passion wiederholt. Rechts vorne das Tschudy'sche Wappen, hinter welchem der greise
geharnischte Donator kniet. Auf dem weissen Fussbande steht die Inschrift (d. B): „Balthaſſar
Tſchudy von Glarus, differ Zyt Landtvogt der Grafffchmfft Toggenburg . A 155?".

0,30 h., 0,487 br. Ein grosses Mittelstück fehlt; mehrere Risse. Der Pfeiler rechts ist durch ein späteres
Stück ersetzt.

Nr. 72. Von den originellen Säulen ist nur diejenige links vollständig erhalten. Den unteren
Theil bilden blaue Voluten, über denen ein weisser Satyr mit gelben Flügeln das blaue von weissen
Bocksköpfen umgebene Kapitäl trägt. Den krönenden Abschluss bildet ein dreifach gebrochener
grüner Flachbogen. Der rothe Schlussstein enthält das Monogramm ✦ **ΛB** ✦. In den weissen
Eckzwickeln stürmen beiderseits je 2 nackte Reiter mit entwurzelten Bäumen gegen einander an.
Die Geisselung Christi ist nach Dürer's kleiner Holzschn. Passion wiederholt. Zu beiden Seiten
dieses Bildes sind die Wappen angebracht. Unten steht die Jahreszahl 1559 und auf dem weissen
Fussbande die Inschrift (d. B): „Cafpar Lätterz . Anna . Locherin . Sin H . . . .".

0,298 h., 0,482 br. Beinahe intact. Einige unbedeutende Risse und Flicke.

Nr. 73. Gedrungene Pfeiler mit schlank geschwellten Säulenvorlagen, über denen zweiköpfige
Ungethüme drohen, tragen den horizontalen Abschluss. Er wird durch blaues Rollwerk gebildet;
gelbe Fruchtschnüre hängen herab, auf denen sich fünf Flügelknaben tummeln. Das Hauptbild
stellt Pilatus Handwaschung nach Dürer's genanntem Werke dar. Rechts und links sind die
Wappen der Blarer und Hohen-Landenberg angeordnet. Ueber dem Letzteren die Zeichen des
schwäbischen Ritterbundes. Das weisse Fussband enthält die Inschrift (d. B): „Sebaftian von
Hochenlanudenberg Magdalena vö Hocheladeberg geborne Plarerin". Auf dem grünen Mittelstück

1559 und das Monogramm ✦**ΛB**✦

0,305 h., 0,49 br. Erhaltung sehr gut. Einige Risse.

Nr. 74. Reiche Kandelabersäulen flankiren die Mitte. Auf denselben sitzen, von einander
abgewendet, 2 Satyrn mit Keulen. Ueber ihnen steht ein Fruchtkorb und eine gelbe Rollwerk-
Cartouche. Das Bild, vor welchem links hinter ihrem Wappen die lebensvolle Donatorin im Witt-
wenkleide mit Buch und Paternoster kniet, hat mit Dürer's Composition Nichts zu thun; eher

erinnert dasselbe an Schongauer's grosse Kreuztragung. Auf einem weissen Fussbande steht die Inschrift (d. B): „Frow Veronica Schwartzmurerin Joachim von Grüt Verlaffne Wittfrow Anno Dominj 1558“.

0,285 h., 0,465 br. Zahlreiche Defecte, ausserdem mehrere Nothbleie im Hauptbilde.

Nr. 75. Rothe Pfeiler mit violetten Postamenten und Kapitälen, über denen zwei Satyrn mit Lyra und Dudelsack hocken, setzen ohne weitere Bekrönung ab. Die Ferne ist eine grün und blau gemalte Landschaft mit Bergen, See und Schlössern. An dem blauen weiss bewölkten Himmel eine täuschend gemalte Fliege. In der Mitte vorn steht die Madonna in gelber Glorie; zu ihrer Rechten, wo neben dem Pfeiler S. Bernhard den Crucifixus umarmt, steht das ecartelirte Wappen von Citeaux und Eschenbach. Gegenüber steht das Wappen der Bilchelsee, hinter welchem der geharnischte Donator kniet. In der Mitte des weissen Fussbandes, das die Inschrift enthält, umschliesst eine violette Cartouche das Monogramm . Die Widmung lautet (d. B): „berhart von Bichelsee Fundator des Gotzh . . . . igka (Dænikon) . . . 58“.

0,39 h., 0,49 br. Defect. Flickstücke und Verbleiungen.

Nr. 76. Gleiche Umrahmung wie Nr. 68 mit grünem Volutenbogen. Auf farblosem Grunde stehen S. Michael mit der Seelenwaage und S. Oswald. Unten die unvollständige Inschrift (d. B): „Die Statt Z (ug)“.

0,292 h., 0,483 br. Intact, einige alte Flickstücke und Nothbleie.

Nr. 77—81.

Glasgemälde aus dem Kloster Dænikon. II. Cyklus.

Nr. 77. Schwere Pfeiler und ein Volutenbogen mit durchgesteckten nackten Figuren, umschliessen das Hauptbild, welches die Speisung der 5000 darstellt. Darunter die Inschrift (d. B): „Johans zum Brunnen Dess Raths zü Vry Diser Zytt Lantuogtt Inn Ober vnd Nider Durgouw Der Jaren 1564 vnd 1565.“

0,30 h., 0,455 br. Intact, einige Risse. Das Wappen des Abtes Petrus Schmid von Wettingen gehört nicht dazu.

Nr. 78. Seitwärts unter leichten Säulentabernakeln sind die Wappen des Stifters und seiner Gattin angeordnet. Das Hauptbild stellt die Kreuztragung vor. Am Fusse die Inschrift: „TNEOPHILVS VOM GRŸT OBERVOGT DER GRAFSCHAFFT PHIRT . ANNO 1563 ANNA VOM GRŸDT GEBORN VON RÆRINGEN SEIN HAVSFROW“.

0,32 h., 0,525 br. Defect. Es fehlen wichtige Stücke des Hauptbildes. Starke Verbleiungen.

Nr. 79. Gegenstück zu Nr. 78. 2 Kandelabersäulen mit Ansätzen von Voluten umrahmen das Hauptbild, das den Moment darstellt, wo Longinus dem Gekreuzigten die Speerwunde beibringt. In der Ferne die Stadt Jerusalem und eine weite Berg- und Seelandschaft. L u. r die Wappen des Stifters und seiner Frau. Am Fuss die Inschrift (d. B): „Albert Segisser Vnd Frow Küngolt von Meggen ab Balldegg Sin Elicher gemahel 1564.“ Auf einem violetten Medaillon in der Mitte des Fusses das Monogramm **HF**

0,31 h., 0,532 br. Intact bis auf einige Risse.

Nr. 80. Krönung Mariæ; darunter die lebensvolle Portraitfigur des Stifters. Links sein Wappen, dazwischen, von Rollwerk umgeben, die fragmentarische Inschrift (d. B): „Hanns Waltma .... Wangen .... ". Oben in einer rothen Cartouche: 1564. Unten links das Bruchstück des Wappens von Grüt, von einem Engel gehalten, darunter 15 . . Die andere Hälfte dieses Rundes ist in Nr. 56 verflickt.

0,308 h., 0,50 br., Ganz defect und verbleit.

Nr. 81. Ein weinrother Doppelbogen von zwei seitlichen Pfeilern mit reich geschmückten Säulenvorlagen und einer geschwellten Mittelsäule getragen, auf welcher ein Engelchen geigt, umrahmen die beiden Hälften. In der Ferne, grün und blau gemalt, der Ausblick auf die Stadt Frauenfeld. In jeder Hälfte ein behelmtes Wappen, hinter welchen die Namenspatrone stehen: links S. Johannes Baptista, rechts St. Verena. Zu ihren Füssen knien der Donator und seine Gattin. Ersterer, mit der Schaube angethan, hält den Hut und ein Paternoster. Zwischen beiden ein Spruchband mit der Inschrift (d. B): „Hans Locher Landschryber zü frowefeld."

0,285 h., 0,47 br. Das Bild des Donators defect. Ausserdem in der linken Hälfte mehrfache Risse. Defecte und Flicke. Sonst gut erhalten.

Nr. 82 — 92.

Glasgemälde aus Dænikon oder dem Cistercienserinnenkloster Magdenau im Ct. St. Gallen.

Nr. 82. Wunder zu Cana.
0,218 h., 0,163 br. Kopfstück, Unterschrift und Datum fehlen. Alte Flickstücke.

Nr. 83. Die Juden drohen Christum zu steinigen. Ioannis. Capt. 8 . Am Fuße die unvollständige Inschrift: „Das Lannd . . . ."
0,293 h., 0,516 br. Defect. Es fehlen 6 Stücke.

Nr. 84. Vor dem Pfeiler links das Wappen der Montprat. Hauptbild: Christus steht vor dem Kreuze, das zum Martyrium hergerichtet wird. Am Fuße (d. B): . . . . . Montprat Verwalter der Haubtmanschafft zu Coftanz . . . . ."
0,295 h., 0,546 br.

Nr. 85. Nüchterne Umrahmung mit Säulen und Architrav. In den Seitenabtheilungen links „S. BERNHARDVS", rechts „S. RVDOLFVS". Das Hauptbild zeigt in figurenreicher Darstellung den Auferstandenen, der die Gerechten des alten Bundes aus dem Limbus erlöst. Unten in der Mitte umschliesst ein Ovalkranz den Schild des Stifters, der, als Mönch in schwarzem Habite, zur Seite kniet. Die Widmung lautet: „I. Rudolfes Guggenbüll, Deß Conuets zu Wettingen Der zit Bychtiger zü Magenoü . Anno Domini . 1610". Monogramm $\mathcal{T}$. $\mathcal{E}$.
0,315 h., 0,50 br. Es fehlen 2 Stücke. Einige Nothbleie und Risse.

Nr. 86. Die Seitenstützen fehlen. Hauptbild: Die drei Marien beim leeren Grabe. Inschrift: „GOTZHVS MVRY ANNO DOMINI . M.D.LXXXV."
0,262 h., 0,4×2 br. Es fehlen verschiedene Stücke. Mehrere Nothbleie.

Nr. 87. Zwei Satyrn tragen vor den weissen Pfeilern die rothen Kämpfer. In der Ferne öffnet sich der Ausblick auf eine Seelandschaft. Vorne erscheint der Auferstandene als Gärtner der hl. Magdalena. Inschrift und Datum fehlen.
0,255 h., 0,47 br. Etwas defect; einige alte Flickstücke und Risse.

Nr. 88. Ein grüner Kranz, von reichem rosafarbenem Rollwerk umgeben, umschliesst das Wappen der Andlau. Links stehen Johannes der Täufer, rechts Christus, der dem Thomas die Wundmale zeigt. Unten die Inschrift (d. B): „Arbogaft von Andlaw Ritter S: Johans Ordens Com . . . .‟

0,265 h., 0,475 br. Mehrere Risse; ausserdem fehlen verschiedene Stücke.

Nr. 89. Himmelfahrt Christi. Seitwärts 2 Postamente, auf denen Engel mit Palmzweigen stehen. Von den seitlichen Stifterwappen ist nur das Schwarzmurer'sche rechts erhalten, über welchem die Vorsicht thront. Unten (d. B): J. Hans Jacob Fläckenstein vn Frouw Urfula Mudfehlin sin Ee-Gmachell . 1600.

0,258 h., 0,51 br. Erhaltung mangelhaft; eine Anzahl Flickstücke.

Nr. 90. Ausgiessung des hl. Geistes. Links steht der geharnischte Stifter und dessen Wappen. Am Fusse die Inschrift (d. B): „Ludwig Pfyffer Ritter Schultheiss . . . . herr der Statt Lucern Anno 1587. Wahrscheinlich eine Arbeit Franz Fallenters.

0,26 h., 0,487 br. Etwas defect; einige alte Flicke und Nothbleie.

Nr. 91. Krönung Mariæ. Zu beiden Seiten die Wappen der Pfyffer und Fleckenstein. Unten die Inschrift (d. B): „Houptman Joft Pfyffer . Anna Fleckensteinin . Anno Domini . 1587.‟

0,255 h., 0,485 br. Einige alte Flicke und Risse.

Nr. 92. In der Mitte auf farblosem Grunde das écartelirte Wappen von Citeaux, Rapperswyl, Silbereisen und Wettingen von der Inful und den Helmen von Citeaux und Rapperswyl überragt. Links stehen Maria, rechts S. Christophorus. Unten die Inschrift (d. B): „Chriftoff . Von Gottes gnadé Abbtt des Wirdigen Gotthus wettingē . 1587‟.

0,258 h., 0,47 br. Gut erhalten; einige Risse.

Nr. 93 — 121.

Arbeiten des Meisters **AH.** Andreas Hor von St. Gallen.

Cf. H. Meyer im Anzeiger für Schweizerische Alterthumskunde 1879. S. 935 u. f.

Nr. 93. Standesscheibe von Zürich 1560. Am Fuss der Scheibe die geneigten Standesschilde mit dem gekrönten Reichswappen. Weisser Grund. L. ein Pannerträger, r. ein Hellebardier. Reiche Pfeiler tragen einen rothen Volutenbogen, über welchem eine gelbe Balustrade den mittleren Abschluss macht. Am Fuße des Pfeilers links das Monogramm **AH** 1562

0,40 h., 0,312 br. Leidlich erhalten; Nothbleie. Reichsschild fehlt.

Nr. 94. „Hans Jochim gutta fō zu Sonnēberg, difer Zit Münzmaifter zu Vry 1561.‟ **AH.** Weisser Grund, zu Seiten des Wappens steht die Fortuna. Schwere Pfeiler tragen einen geradlinigen Sturz, darüber eine Jagd.

0,30 h., 0,208 br. Gut erhalten; ein Riss.

Nr. 95. Auf weissem Grunde steht der geharnischte Stifter neben dem behelmten Wappen, darüber der gekrönte Schild von Frankreich mit einer Bandrolle, auf welcher die Inschrift: „Crift Vincit, Crift Regnat, crift Imperat.‟ Höher ein Spruchband: Contra dōminu nō eft cōfilñ. Si deus pro nobis quis cotā nos. Darüber eine sauber durchgeführte Landsknechtschlacht. Auf dem gelben Fuss der Scheibe (lat. cursiv): „Hoptman Jofeph Studer 1561‟ und Monogramm **AH.**

0,312 h., 0,212 br. Erhaltung gut; ein Riss.

Nr. 96. (d. B) Heinrich Peyer vnnd Angnes Rügerin, sin Eeliche hnüfrow. Anno Domini 1562. Monogramm **AH.** Zu Seiten der Schrifttafel die Schilde der Stifter. Pfeiler mit vorgesetzten Säulen, an deren Fuss zwei nackte Gestalten, tragen einen nüchternen Voluntengiebel. Auf weissem Grunde Tells Apfelschuss, oben Tells Sprung und Gesslers Tod.

0,425 h., 0,315 br. Erhaltung gut; ein Flickstück und mehrere Nothbleie.

Nr. 97. Einblick in eine bunte Pfeilerhalle mit blauem Rippengewölbe. Reiches Getriebe von Ab- und Zugehenden. Rechts die Ehebrecherin, vor welcher Christus die Worte auf den Boden schreibt. Zu Füssen Christi das Monogramm wie auf voriger Nummer, am Fusse, von Flachbögen umrahmt, die beiden Wappen. In der Mitte (d. B): „Caspar Häfelich ond Kathrina Marbachin". Darüber: „Got behüt vns vor alem vbel."

0,323 h., 0,21 br. Gut erhalten; Kopfstücke mit unbekannten Scenen, muthmasslich von anderer Hand; einige Risse.

Nr. 98. Zwei bunte Säulen tragen einen steilen aus Rollwerk gebildeten Giebel. Das Kopfstück rechts ist durch ein altes Fragment ersetzt. Links Jakob, der die drei Gäste empfängt; unter der Thüre lauscht Sara. Das Hauptstück stellt in weiter Landschaft das Opfer Abrahams dar. Unten, zwischen den beiden Schilden, eine Tafel mit Monogramm **AH.** und der Inschrift (d. B) „Aleixander Peyer vnnd Anna Schlapparitzin fin Eegmahel 1562."

0,425 h., 0,32 br. Gut erhalten; einige alte Flickstücke.

Nr. 99. Auf gelbem Damast in reicher, bunter Pfeilerarchitektur das behelmte Wappen. Darunter, von Schweifwerk umgeben, die Inschrift (d. B): „Allbrecht Myles 1562." Oben zu Seiten des schwerfälligen Mittelstückes eine reiche Seelandschaft und zwei von beiden Seiten über das Ufer gegeneinander sprengende Ritter. Monogramm **AH.**

0,418 h., 0,317 br. Gut erhalten; einige Bleie; 4 alte Flickstücke.

Nr. 100. Gegenstück zu Nr. 99. Auf weissem Grund die von dem Helm der Zyli bekrönten Schilde der Zyli und Geisberg. Bunte Pfeiler mit schweren Architravstücken sind durch einen blauen, in der Mitte rundbogig überhöhten Architrav verbunden. An den Fronten der Gebälkanfsätze zwei zierlich gemalte Vögelchen. Darüber eine schwere, gelbe Rollwerkcartouche mit durchblickendem Frauenkopf. Sie theilt die beiden ungewöhnlich hohen Kopfstücke. Links: die Thiere werden in die Arche geladen; rechts: Noas Dankopfer. Die Unterschriften lauten: „Jugang in den kaſte nach deū Herrē befelch. Ankunfft ond warnng des sündfluū. Vndergang alles fleifch. Gene. VII. Ca. — Ein pundt vfgericht mit gegebenem Zeichen, keinē sündfluū komē zelaffen, nit verderbē alles fleifch. Gene. IX. Ca." Unten die Inschrift (d. B): „Jacob Zÿlÿ Alt vnd Clara Gaifsbergin sin Eegmahel. Anno Domini 1562." Monogramm **AH.**

0,43 h., 0,32 br. Gut erhalten; einige Risse.

Nr. 101. Schwere Pfeiler und ein schwacher rother Spitzgiebel umrahmen auf farblosem Grunde die Allianzschilde mit dem Kleinode der Schobinger. Das grosse Kopfstück zeigt in origineller Auffassung Daniel in der Löwengrube, den Habakuk mit Nahrung versieht, darunter (d. B): „Daniel darum dz er den Abgott Bel ond Dracke zerstört, wirt in die löwegrub gewoffē. Dan. 14."

Am Fusse der Scheibe das Monogramm **AH** und (d. B): „Bartlome Schowinger vnd
Elisbeth Sattleri sin Eegmahel. Anno 1562.“

0,432 h., 0,317 br. Gut erhalten; einige Nothbleie und alte Flickstücke.

Nr. 102. Pendant zu 99, 100, 103, 104. Eine flachbogige Pfeilerarcade mit vorgesetzten Säulen
umrahmt den weissen Grund, auf welchem, von dem Helm des männlichen Wappens überragt, die
geneigten Schilde des Stifters und seiner Gattin stehen. Die Fronten der Gebälkaufsätze über den
Säulen sind wieder mit reizenden Vögelchen geschmückt. Eine gelbe Rollwerkcartouche mit durchblickendem Frauenkopf trennt die hohen Kopfstücke: Erschaffung Adams und Evas mit den Unterschriften (d. B): „Vnd Gott der Herr machet den menſchē vſs kadt vō der erdē, vnd bliefs in
ſin angeſicht ein læbēdigē athem, Geneſis, II. Capittel. Vnd Gott der Here būwet ein weib aüß
dem ripe das er von dem menſche nam, vū bracht ſy zu im. Geneſis, II. Cap. Auf dem
Sockel der Scheibe (d. B): „Hanns Jacob Graff ond Elſbeth Payerin ſin Eegmahel 1562.“ Monogramm **AH**

0,43 h., 0,315 br. Erhaltung gut; einige Nothbleie.

Nr. 103. Pendant zu Nr. 99, 100, 102 und 104. (d. B): „Im Jar ſo man zellt nach der
geburt Chriſti vnſers Erlöſers MDLXII. Caſpar von vonbül vnd Elſabeth Schirmeri ſin Eegmahel.

Monogramm **AH** Nüchterne Umrahmung mit seitlichen Pfeilern und unschönem Volutenwerk, das aus einer mittleren Candelabersäule emporwächst. Weisser Grund. Rechts die Allianzwappen, links ein unverhülltes Frauenzimmer, gegen das eine Katze aufspringt. In den Zwickeln
Speerkampf zweier Ritter. Auf den Pferdedecken sind die Wappen der Varnbübler und Schirmer
angebracht.

0,423 h., 0,32 br. Tadellos erhalten.

Nr. 104. Pendant zu Nr. 99, 100 u. 102. Auf glattem gelbem Grunde erscheint die auf Wolken
thronende „JVSTICIA“, darunter die Repräsentanten der verschiedenen Stände; ganz unten, in
geduckter Haltung nach vorn geneigt, der Pabst; höher, ebenfalls von Wolken umgeben, Kaiser,
König, Sultan und zu oberst, hart neben der Justitia, ein augenscheinlich flehender Bauer. Umrahmung mit Candelabersäulen und einem Volutengiebel, über welchem das mittlere Kopfstück
fehlt. Rechts und links auf weissem Grunde in gelber Wolkenglorie „FIDES“ und „CARITAS“.
Unter den Säulen die Schilde des Stifters und seiner Frau (:Peyer vom Weggen:), dazwischen (d. B):
„Hanns Stockar vnd Elſibeth Peyerin ſin verlaſſne Wittwe. Anno 1562.“ Monogramm wie auf
voriger Nummer.

0, 428 h., 0,322 br. Erhaltung gut; vier alte Flickstücke.

Nr. 105. Bunte Pfeiler mit einem gelben Spitzgiebel umschliessen auf einfärbig blauem
Grunde das kräftig durchgeführte Wappen. Oben zwischen den Gebälkaufsätzen eine sauber durchgeführte Hirschjagd. Unten Monogramm **AH** und die Inschrift (d. B): „Melchior Rot-
mund. Anno 1563.“

0,254 h., 0,176 br. Tadellos erhalten.

Nr. 106. Geschichte Davids und der Bathseba. Die Inschrift (d. B): „Hans Jacob Studer“
ist auf einer Truhe am Fusse der Scheibe verzeichnet. Monogramm **AH**

0,30 h., 0,202 br. Sehr defect; mehrere Stücke fehlen.

Nr. 107. (d. B): Caſpar Scherer vnd Elſbeth Studeri ſin Eegmahel. Im Jhar 1563. Monogramm **ÆH**. Wappen des Stifters auf blauem Grund von gelben Pfeilern mit einem halbrund überhöhten Architrave umrahmt. Darüber Habakuk, der Daniel in der Löwengrube mit Trank und Speise versieht.

0,315 h., 0,215 br. Intact; bis auf einige Nothbleie.

Nr. 108. Die originelle, wenn auch schwere Umrahmung bilden zwei bunte Pfeiler mit einem schwächlichen Spitzgiebel. Darin auf weissem Grunde von dem Mannshelm überragt, die beiden Allianceschilde. Das grosse Kopfstück zeigt eine Entenjagd. Unten Monogramm **ÆH** und die Inschrift (d. B): „Jacob Schlapritzi vnd Anna Studeri ſin Eeliche Hüffrow. Anno 1563."

0,315 h., 021 br. Erhaltung vorzüglich.

Nr. 109. Bunte Säulen und ein Volutenbogen, über welchem das Kopfstück Susanna im Bade zeigt. Das Hauptbild stellt Judith dar, die ihrer Magd das Haupt des Holofernes übergiebt. Am Fusse zwischen den Schilden eine Inschrifttafel mit dem Monogramm **ÆH.1563** und (d. B) „Niklaüs Schlümpff vnd Helena Studeri."

0,324 h., 0,205 br. Tadellos erhalten.

Nr. 110. Gelbe Pfeiler mit vorgesetzten Säulen, die von nackten Knaben umschlungen werden, tragen einen steilen Volutengiebel, in dessen Scheitel ein Ovalkranz die Halbfigur der Lucretia umschliesst. Das kleine Zwickelbild rechts stellt Tells Schuss in der hohlen Gasse dar. Das Hauptbild: Tells Apfelschuss. Unten **ÆH** der Schild des Stifters und Unterschrift (d. B): „Andres Enginer Im Jar 1563" zwei ungemein zierliche Medaillons mit Scheibenschiessen.

0,32 h., 0,213 br. Gut erhalten; der Zwickel oben links fehlt; einige Risse.

Nr. 111. Zwischen Säulen mit reicher Volutenbekrönung, über welcher die Kopfstücke die Geschichte der Königstochter darstellen, welche die Hand in den Rachen des Löwen streckt, der Kampf Davids gegen Goliath. Am Fusse zwischen den Schilden die Inschrift (d. B): „Jacob Studer vnd Anna Peÿerin ſin Eeliche Hüfsfrow. 1563."

0,315 h., 0,217 br. Tadellos erhalten.

Nr. 112. Das Mittelbild, im Viereck von Schilden umrahmt, stellt das Innere eines Schlachthauses dar, in welchem der Metzger zum Schlage auf den Stier ausholt. Links tritt seine Frau mit einem Becken herzu. Auf dem Fussboden das Monogramm **ÆH. 1564.** Das grosse Kopfstück zeigt in weiter Landschaft Schaafe und Ochsen, die von einer Dirne und zwei Männern getrieben werden. In der Umrahmung bei den Schilden (d. B): „Burg'maister Hans Kiner; Burg'maist', Gallus Dobler; Burg'maister Hans Kiner; Gallus Appentzeller; Hanns Appentzelr; Hans Vogt; Diebold Dobler; Jacob Appentzeller; Jacob Bafthart; Voly Alther; Michel Apentzeller; Galli Bafthart; Hans Riner; Othmar Appentzeller; Basti Appentzeller; Lienhart Burgman; Michel Vogt; Haini Hofffteter; Othmar Dobler; Simon Hofffteter; Othmar Dobler; Cunrat Appentzellr; Spaü Hans Riner; Hainrich Dobler; Lienhart Bafthart; Othmar Riner; Lienhard Riner; Basti Appentzeller; Volich Büchli; Bafti Riner."

0,52 h., 0,325 br. Defect; es fehlen 6 Stücke.

Nr. 113. Pfeilerarchitektur mit seitlicher Befensterung von Butzenscheiben. Davor, von dem einzigen Kleinod der Zollikoffer überragt, die beiden Allianzschilde. Das Kopfstück, welches die ganze Scheibenbreite einnimmt, stellt die Erschaffung Evas und den Sündenfall dar. Am Fusse die Inschrift (d. B): „Sigmund Zollÿkoffer der eltter zum Rengenſperg vnd fraw vrſula zollÿkofferi, geborne ſchirmeri, ſein Ehlich gemahel."

0,31 h., 0,205 br. Gut erhalten; zwei Risse.

Nr. 114. Ungemein zartes Rundscheibchen, gelb und grau auf Weiss gemalt, den Sündenfall vorstellend, mit der Umschrift (d. B): „Die liftig Schlang Adam vnd Euam, wider Gottes gebott von der verbottnen frucht des Baums defs lebens zu eſſen mitte. Gen. 3. Monogramm ⸗ᛉ

Durchmesser 0,69. Verschiedene Risse.

Nr. 115. Das grau und gelb gemalte Rundscheibchen stellt den Thurmbau zu Babel dar, mit der Umschrift (d. B): „Es hat aber alle Wält einerlei zung vnd ſprach. Do ſi nu zuged gegē morge, funde ſi eine plan im land Sincar, vnd v. Gen. XI."

Durchmesser 0,088. Tadellos erhalten.

Nr. 116. Zwei Pfeiler und eine mittlere Säule tragen die aus Voluten und Blattbüscheln gebildete Bekrönung; auf dem gelben Grunde wird das unbekannte Wappen von einer weissen, nach Holbeins Frauentrachten copirten Dame gehalten. Darüber Geschichte der Susanna und Daniel in der Löwengrube nach Holbein. Zweite Hälfte des XVI. Jhdts. Zu Seiten des Kopfstückes, enthalten zwei Bandrollen die auf die betreffenden Scenen bezüglichen Inschriften (d. B): „Die zwē Alten ankleger der Susaña werden an ÿr ſtatt getödt. Dan . 13* und „Daniel darum dz er dē Abgot Bel zerstört wirt in löwen grüb geworffē vō Habcüc gefpifet . Dan . 14." Inschrift am Fusse fehlt. Ohne Frage eine Arbeit des Andreas Hör.

0,425 h., 0,205 br. Gut erhalten; einige alte Flickstücke.

Nr. 117. Auf farblosem Grunde das Wappen der Buffler von S. Gallen mit der Allianz Zollikofer.

0,25 h., 0,222 br. Gut erhaltenes Fragment. Einige Nothbleic.

Nr. 118. Rundscheibe, ohne Zweifel eine Arbeit des Meisters Andreas Hör von ca. 1560. Die Mitte zeigt in gelber Glorie die Krönung Mariæ durch Gott Vater und Christus in Gegenwart des hl. Geistes. Rechts und links zwei kirchliche Allegorien. Farbenkräftige Haltung.

Durchmesser 0,252. Gut erhalten; ein Riss.

Nr. 119. Gegenstück zu Nr. 118 und von demselben Meister gemalt. Der englische Gruss. Zu Seiten zwei Männer mit dem Hut in der Hand in einem Gemache harrend.

Durchmesser 0,253. Gut erhalten; drei Risse und ein Nothblei.

Nr. 120. Zierliche Miniature. Das Wappen, grau auf Gelb, ist im Style Andreas Hörs gemalt. Umschrift (d. B): „Bartlome Kobler . Der Herr ift nahe, allen die in anrüffen. Allen die in mit ernſt anrüfe . 44 Psa ."

Durchmesser 0,10. Tadellos erhalten.

Nr. 121. Fragment einer Wappenscheibe; Kopf- und Fussstück fehlen. Seitwärts gelbe Pilaster, farbloser Grund und blaue Mittelsäule. Zu Seiten das unbekannte Mannswappen (drei schwarze Harsthörner auf gelb) und das Frauenwappen Zollikofer. Ohne Frage eine Arbeit Hör's.

0,197 h., 0,287 br.

Nr. 122. Grüne Pfeiler tragen einen rothen steil geschweiften Spitzgiebel, neben welchem die Kopfstücke auf farblosem Grunde Christus darstellen, welcher die von rechts nahenden Schutzheiligen Zürichs empfängt. Das Hauptbild stellt auf gelbem Grunde die stehende Madonna vor, über welcher zwei schwebende Engel eine Krone halten. Links S. Gallus und ein geharnischter jugendlicher Heiliger (S. Bernhard oder Robert). Rechts SS. Othmar und Benedict. Zu Füssen der Madonna, von Inful und Stab überragt, der gevierte Schild: 1. Rapperswyl; 2. St. Bernhard oder S. Robert; 3. Eichhorn; 4. Wettingen. Zu Seiten 1560 und die Inschrift: „PETRVS VÖ GOTTES GNADEN ABBTE DES GOTZHVS WETTINGEN.

0,423 h., 0,29 br. Die Technik erinnert an diejenige des Carl v. Aegeri. Erhaltung gut; einige Risse. Abgebildet in Meisterwerke Taf. 54.

Nr. 123. Grauer Damast zwischen Pfeilern mit vorgelegten Kandelabersäulen. Von Oben hängt ein Blattbüschel herab. Links steht ein Geharnischter mit dem Streithammer; von rechts naht sich ein Fräulein in Holbeintracht mit erhobenem Pokale. Unten (d. B): „Hauptman Vogtt Ja . . . . Vlrich 1561". Zwischen beiden Figuren das écartelirte Alliance-Wappen mit einzigem Helm.

0,315 h., 0,285 br. Schlecht erhalten; Kopfstücke fehlen. Wappen verflickt; Rost.

Nr. 124. (d. B) „Houptman Jacob vö heimm vnd Houptman Vlrich Schyri bed von Apenzell Anno Domini. 1561." Zu Seiten der Wappen zwei Geharnischte mit Commandostäben. Blauer Damast. Ueber den Voluten, welche von seitlichen Säulen und einer Mittelstütze getragen werden, ein Scheibenschiessen.

0,42 h., 0,305 br. Etwas verblasst; sonst gut erhalten.

Nr. 125. Zwischen Säulen öffnet sich der Einblick in ein Gemach, wo in Gegenwart des Engels die Vermählung des Tobias stattfindet. In dem rothen Schlusssteine 1562; zu Seiten auf Spruchbändern die Inschrift: „Zur Ee Tobias Saram Nimpt, Si Lobtend Gott Wie ers hatt bstimpt." Darüber das Kopfstück mit weiterer Ausführung der Tobiasgeschichte. Am Fusse die Inschrifttafel: „Solomon Rapensteyn Predicant im Adelbogen", mit dem vorgesetzten Schild, der von einem Engel gehalten wird.

0,308 h., 0,208 br. Gut erhalten; einige Nothbleie und Risse.

Nr. 126. Das Hauptbild zeigt zwischen bunten Säulen das Gebet des Tobias und seiner Gattin um ihren Sohn, durch ein darüber wallendes Spruchband (d. B): „Sy lagend vff der erd drey Stund, Do fy Verlies des Engels mund" erläutert. Oben; der Sohn, der dem Vater seinen Begleiter vorstellt. Am Fuss die Wappenschilde mit der Ueberschrift (d. B): „Jörg Moft Vnd Margret Hirtzlin Syn Eegemachel 1562."

0,31 h., 0,208 br. Gut erhalten.

Nr. 127. Reiche, zweifach gekuppelte Kandelabersäulen mit schweren Basen und Kapitälen tragen einen rothen Spitzgiebel, durch den sich der Einblick in ein stattliches Renaissancegemach eröffnet. In demselben hält der reiche Mann sein Gastmal; ein Diener weist den unten ruhenden Lazarus fort, dessen Seele Gott-Vater, in einer Glorie, hält. Die kleinen dreieckigen Kopfstücke stellen den Kampf zwischen David und Goliath vor. Am Fusse der Scheibe 1562 und neben beiden Wappenschilden die Inschrift: „HEINRICH . BRVGGER . PREDICA̅ . ZV̌ . ERLIBACH . EMAVEL . KISLING . PREDICAT . ZV̌ . KILCHBERG . "

0,395 h., 0,295 br. Gut erhalten bis auf einige Risse.

Nr. 128. Doppelt gekuppelte, gebauchte Säulen mit sehr fein durchgeführten Kapitälen

25*

tragen zwei rothe steil gegen die Mitte ansteigende Voluten. Darunter sitzt in einer stimmungs-vollen Landschaft vor dem Kreuze die Pietà. Ein kniender Engel hält vor ihr die Schilde von Citeaux und der Äbtissin, welche Letztere mit Pedum und Rosenkranz rechts zur Seite kniet. Da-runter die Inschrift (d. B): „. . . . . Abbtiſſin deß Gotzhus Maggenow 1563."

0,41 h., 0,30 br. Beide Oberzwickel und ein Stück der Inschrift fehlen, sonst gut erhalten.

Nr. 129. Purpurner Damast. Zu Seiten des Schildes der Mann als Hellebardier und die Frau mit Kanne und Pokal. Am Fusse die Inschrift (d. B): „Hans wurst vnd sin Huúsfrouw 1564."

0,242 h., 0,186 br. Unvollständig; alte Flickstücke, einige Bleie, Kopfstück fehlt.

Nr. 130. Eine reiche in die Perspective gezogene Pfeilerarchitektur umrahmt auf gelbem Damastgrunde die beiden Wappen. Ueber dem blauen barocken Architrave, der eine interessante Verwendung der Ueberfangtechnik zeigt, ist in miniaturmässiger Durchführung eine figurenreiche Hirschjagd gemalt. Zwei Engel mit Fackeln halten am Fuss der Scheibe die von reichem Roll-werk umgebene Tafel mit der Inschrift (d. B): „Diethelm Blarer von Wartenſe zu Kempten der zyt Statthalter zu Tobel. Vnnd Margreth Blarerin von Wartenſe Geporune von hochen Landen-berg 1564."

0,402 h., 0,302 br. Bis auf einige Sprünge und Nothbleie gut erhalten.

Nr. 131. Pfeiler und Säulen, denen zwei gleiche weibliche Figuren vorgesetzt sind, tragen den krönenden Flachgiebel. Zu Seiten desselben stellen die bunt und zierlich durchgeführten Kopf-stücke Christi Geburt und die Verkündung an die Hirten dar. Das Hauptbild zeigt auf gelbem mit schwarzen Schnüren belebtem Grunde den Namenspatronen zur Seite des behelmten Wappens. Zwei kniende Frauen begleiten die bunte Inschrifttafel am Fusse der Scheibe (d. B): „Philipus . a . Freyberg decanus Conſtantienſis 1564."

0,41 h., 0,315 br. Einige Nothbleie, sonst gut erhalten.

Nr. 132. Auf einfärbig gelbem Grunde steht das flott stylisirte Wappen der Aepli. Kräftige Architektur von Pfeilern mit vorgesetzten Hermen. Unten die Inschrift (d. B): „Jörg Äply 1565."

0,265 h., 0,206 br. Erhaltung mangelhaft; Kopfstück fehlt, ausserdem verschiedene Flickstücke und Nothbleie.

Nr. 133. Auf gelbem Damast zu Seiten des Wappens Mann und Frau im Festgewande. Ueber dem rothen Flachbogen Geschichte Judiths nach Holbein. Unterschrift (d. B): „Hanns Volrich Molleſin von Coſtantz 1565." Monogramm **·BF·**

0,31 h., 0,21 br. Gut erhalten; einige Nothbleie und Risse.

Nr. 134. Opfer Abrahams. Oben steigt ein Reiter vor dem Wirthshause zu Pferd; rechts ein Säumer. Am Fusse der Wappenschild mit der Inschrift (d. B): „Petter Berchtoldt Anno 1565". Monogramm **☞**

0,328 h., 0,21 br. Mittelmässig erhalten; Risse, Verbleiungen und verschiedene neue Stücke.

Nr. 135. Auf einfärbigem gelbem Grunde steht St. Michael zur Seite des écartelirten Wappens der Göldin und ? (zwei rothe aufrechte Fische auf Weiss). Unterschrift (d. B): „Renwardús Göldly Chorherr zü Münſter Im Aergow Anno Dnĩ 1565."

0,337 h., 0,296 br. Kopfstück und Umrahmung fehlen, ebenso der obere Theil des Schildes rechts.

Nr. 136. Unterschrift (d. B): „Lott Stimmer der Zytt Tentſcher Schulmaiſter Vnd Bürger zu Schaffhuſe 1566." Ein ovales Mittelstück enthält auf weissem Grund das Wappen, ringsum, grau in Grau mit Silbergelb und spärlicher Anwendung von Rosa eine Umgebung von Rollwerk,

offenen Bögen, Vasen etc., in welchen ruhende Putti, Männer, Frauen und Atlanten die Zwischen-
räume beleben.

0,315 h., 0,21 br. Gut erhalten.

Nr. 137. Rundscheibe. Vor einer fernen Landschaft thront der hl. Benedict. Ueber dem
Mönchsgewande trägt er das Pluviale. In der Rechten hält er das Brod; ein kleiner Bär bringt
ihm den Holzpflock. Auf dem Throne steht das Monogramm **BF**. Auf Weiss die Umschrift
(d. B): Decan vnnd gemainer Conuent Des Würdigen Gotshüs sanıt Gallenn. Anno Dominj 1566.«

Durchmesser 0.215. Tadellos erhalten.

Nr. 138. Zwischen Säulen öffnet sich der Einblick in ein Gemach, wo die Madonna am Bet-
pulte kniet. Von links, wo in einer Glorie die Halbfigur Gott-Vaters schwebt, naht sich der Engel
mit dem Grusse. Vorn die Schilde von Citeaux und der Äbtissin. Neben dem Letzteren kniet mit
Rosenkranz und Pedum die Stifterin, dabei das Monogramm **NB**. Auf dem Fussbande die
Inschrift (d. B): „Frow Sophia von Grüt Abbtiffin deß würdigen Gotzhus Tenigkon 1567.«

0,335 h., 0,302 br. Einige Risse; sonst gut erhalten.

Nr. 139. Auf farblosem Grunde steht, von Pfeilern und einem Flachbogen umrahmt über
dem Abtswappen die Madonna zwischen SS. Benedict und Adam (?) (ein jugendlicher Heiliger in
weltlichem Gewande. Das Haupt mit Rosen bekränzt, hält er in der Linken ein Schwert, in der
Rechten einen Palmzweig). In den oberen Zwickeln der Tod des hl. Meinrad und die Flucht seiner
Mörder. Der écartelirte Schild enthält die Wappen des Stiftes Einsiedeln und seines Abtes Adam
Heer (1569—85). Ohne Zweifel eine Arbeit des Meisters Niklaus Bluntschli.

0,418 h., 0,315 br. Etwas defect; sonst prächtig erhalten.

Nr. 140. Zwei Säulen und ein mit Rollwerk und Blättern besetzter Flachbogen umrahmen
den weissen Damastgrund, auf welchem ein rothhaariger Küfer ein grosses Fass mit Reifen beschlägt.
Rechts bringt ihm eine stattliche, weissgekleidete Dame den Willkomm. Oben zwei Küferscenen.
Unten zu Seiten des Schildes die Inschrift (d. B): „Hans Harder von Güttingen 1568.«

0,325 h., 0,215. Gut erhalten.

Nr. 141. Unterschrift (d. B): „Hans Müller Der Jung 1568« **AB**. Vor der Mitte des
Fusses der Schild. Zwei Pfeiler mit vorgesetzten Atlanten tragen den Spitzgiebel, neben welchem
zwei posaunende Putti die Zwickel füllen. Unter dem Giebel steht ein unverhülltes Frauenzimmer
mit einem Apfel in der Linken, auf einer Schnecke. Jenseits des Flusses eine Stadt, über der sich
der blaue Himmel wölbt.

0,30 h., 0,204 br. Mehrere Risse. Abgebildet in Meisterwerke der schweiz. Glasmalerei Taf. 47.

Nr. 142. Auf rothem Damaste stehen ein Hellebardier im Festgewand und ein geharnischter
Pannerträger mit der Fahne der Stadt Brugg im Aargau. Zu Füssen die geneigten Schilde derselben Stadt. Ueber dem leichten, zum grössten Theil verdeckten Rundbogen, der von Pfeilern
getragen wird, rechts: Simson mit den Thoren von Gaza, links: Judith, die dem Holofernes das
Haupt abgeschlagen hat. Die Ausführung vorwiegend schwarz und gelb. Zwischen den Schilden:
1568.

0,415 h., 0,295 br. Einige Nothbleie und Risse; sonst gut erhalten.

Nr. 143. Fragment zweier sehr fein durchgeführter Wappen mit der Unterschrift (d. B):
„Anthonius Leo Judah 1570.«

0,30 h.· 0,205 br.

Nr. 144. Auf gelbem Grunde stehen, durch eine Mittelsäule getrennt, der geharnischte Mann und seine Frau mit dem Willkomm. Oben ein pflügender Bauer. Unterschrift (d. B): „Jacob Gmuterſhwiller Anno Domŷ 1569.“ und Schild.

0,306 h., 0,202 br. Ein Nothblei und ein Riss; sonst gut erhalten.

Nr. 145. Ein waagrechter Architrav wird von einer mittleren Kandelabersäule und zwei seitlichen Säulen getragen. In der Tiefe öffnet sich der Einblick durch eine gelbe Doppelarcade, vor der sich auf weissem Grunde die vorzüglich stylisirten Wappen abheben. Darüber eine Hirsch- und Entenjagd. Unten die Inschrift (d. B): „Adrian Ziegler. Vö Zürich vnd Barbara Buman (Von Apenzel Sin Gemachel 1569“ letzterer Theil nur eingekritzt.) Am Fuss der Cartouche 1570.

0,31 h., 0,20 br. Abgesehen von einigen Rissen und Nothbleien gut erhalten.

Nr. 146. Auf gelbem Grunde, zwischen bunten Pfeilern mit vorgelegten Säulen steht zur Seite des Wappens der geharnischte Stifter mit dem Streitkolben in der Hand. Ueber der flachen, aus Voluten gebildeten Bekrönung, ein energisches Schlachtbild. Unten die Inschrift (d. B): Johans Vrnäſcher. 1570.“

0,305 h., 0,208 br. Einige Risse; sonst gut erhalten.

Nr. 147. Das Mittelstück zeigt auf weissem Wolkengrunde den Crucifixus zwischen Maria und Johannes. Zu Füssen des Letzteren kniet vor seinem Wappenschilde ein Benedictiner mit der Ueberschrift: „Deus mihi p. pitius (sic).“ Zu Seiten stehen in zweigeschossiger Anordnung unter Säulentabernakeln, links S. Anna selbdritt und Katharina. Rechts Magdalena und Barbara. Oben, wo das Datum 1572, und unten in waagrechter Anordnung unter Säulenarcaden je fünf Heilige: oben: SS. Gallus, Marcus, Bartolomeus, Notkerus und Othmarus; unten: SS. Sebastianus, Christophor, Benedict, Leonhard und Alexius. Monogramm ✦ **IW**,

0,32 h., 0,307 br. Mangelhaft erhalten; Rost; einige Nothbleie und Risse.

Nr. 148. Zwei Pfeiler, durch einen Cartouchenbogen verbunden, umrahmen auf weissem Grunde die Wappen des Stifters und seiner Frau, zwischen denen eine Dame die Kleinode hält. Oben und unten vier launige Anspielungen auf die Lebensalter: Ueber dem Bogen hält ein Narr zwei Tafeln. Der Inhalt der einen: „Das tun Ich all Thag“ bezieht sich auf ein kosendes Pärchen; auf einen stattlichen Mann im Festgewande, der die Rechte auf den Bügel des Schwertes stützt, die zweite Inschrift: „Vnd ich Wen Ich mag“. Unten, zu Seiten der grünen Schrifttafel, welche die Widmung enthält, sitzen wieder zwei Männer; rechts ein behäbiger Alter mit Barett und Schaube; die Beischrift lautet: „Ich Denck Das Ich ſy auch pflag“. Sein Nachbar endlich, ein Greis mit dem Paternoster, spricht: „Ach Duot maus nach“. Die Widmung lautet (d. B): Volrich Zimermann. Burger Zu Wyll: Anna Bumeni von Appenzell Sin Eliche Husfrow. Monogramm **IW**

Die Figuren, insbesondere die festlich gekleidete Schildhalterin, sind sehr fein und liebenswürdig durchgeführt.

0,31 h., 0,205 br. Einige Risse; sonst gut erhalten.

Nr. 149. Hauptstück: Urtheil Salomons. Unten, zwischen den Schilden der Peyer (Weggen) und Ziegler, das Datum 1573 und eine Bandrolle mit der Inschrift (d. B): „Marttin paẏer der Rächten doctor Vnd Elsbet zieglerin ſin Gmahel.“

0,32 h., 0,30 br. Stark verbleit und mehrfach verflickt.

Nr. 150. Rundscheibe. Das bunte Mittelbild zeigt die Anbetung der hl. drei Könige. Umschrift (d. B): Dietrich Opffer Burger vnd Lehenvogt Zuo Wyl." Unten der Schild des Stifters und das Datum 1578.

Durchmesser 0,164. Ein Nothblei und ein Riss.

Nr. 151. Unten in einer Cartouche (d. B): „Beatus von Gottes Gnadë Bifchoff zu Chur 1578", links der kniende Bischof, gegenüber sein und des Stiftes Schilde. Mittelstück: thronende Madonna zwischen SS. Lucius und Florin. Zwei schwebende Engel halten eine Krone über dem Haupte der Madonna. In den Zwickeln des Flachbogens die Verkündigung Mariæ.

0,422 b., 0,327 br. Stark zersprungen; sonst gut erhalten.

Nr. 152. Trockene derbe Arbeit. Auf weissem Grunde steht vor einer schweren weiss und blau gemalten Architektur von Pfeilern und Atlanten, der geharnischte Stifter neben seinem behelmten Wappen. Oben Speerkampf von Geharnischten. Am Fusse (d. B): „Houpttman Hans Garnifwill 1579."

0,405 h., 0,305 br. Gut erhalten; einige Risse.

Nr. 153. Runde Aemterscheibe von Bern.

Durchmesser 0,43. Gut erhalten.

Nr. 154. Zwei rothe Säulen auf blauen Postamenten tragen einen in der Mitte flachbogig überhöhten Architrav, auf welchem zwei Putti mit Füllhörnern lagern. Durch eine Säulenhalle öffnet sich der Ausblick auf eine ferne Stadt und Seelandschaft. Vorne links: Pygmalion küsst die Statue zum Leben. Am Fusse eine Cartouche, mit der Inschrift: Quam fcülpsit fit Pygmalionis eburnea conjunx, Tam castas cunctis fuffice Diva Venus!"

0,31 h., 0,21 br. Mangelhaft erhalten; mehrere unverbleite Risse und Nothbleie durch das Hauptbild.

Nr. 155. Standesscheibe von Schaffhausen 2 H. XVI (Daniel Lindtmeyer). Am Fusse der Scheibe die geneigten Standesschilde von dem Reichswappen überragt, links ein geharnischter Pannerträger, rechts ein Hellebardier im Festgewande. Weisser Grund. Über den Kandelabersäulen, welche den rothen Bogen tragen, zwei Engel mit Speer und Schild. Auf dem einen Schilde das Monogramm **D L**

0,412 h., 0,295 br. Vorzüglich erhalten.

Nr. 156. Ein bunter Kranzrahmen umschliesst das Wappen der Stockar von Schaffhausen; die Unterschrift lautet (d. B): „Walther Burkart vnd Hainrich Stockar 1580."

Durchmesser 0,245. Mittelmässig erhalten; viele Risse.

Nr. 157. Auf weissem Grunde die beiden Wappen. Zwei Pfeiler und eine mittlere Säule tragen das bunte, aus Rollwerk gebildete Gebälk, über welchem eine bunte Miniature Christus und die Samariterin darstellt. Unten zwischen 2 Engeln mit astrologischen Instrumenten eine Rollwerktafel mit der Inschrift (d. B): „Hans fchittli vnd Roffina Zillin Sein Ehliche hauffrow Anno Domini 1580." Monogramm **C S**

0,33 h., 0,21 br. Tadellos erhalten.

Nr. 158. Fünfzehn Rundscheibchen; zarte, blau, gelb und grün gemalte Monolithminiaturen Nr. 1. bez. IOS. MVRER VON ZVRICH 1580. Monogramm (Christoph Murer von Zürich.) Ueber dem Kranze, welcher das Alliance-Wappen umschliesst, der musicirende Orpheus von wilden Thieren umgeben. Nr. 2. Verkündigung. Die folgenden Stücke stellen die verschiedenen Passionsvorgänge vom Einzuge in Jerusalem bis zur Erscheinung des Auferstandenen vor der Magdalena dar.

Durchmesser 0,127. Alles tadellos erhalten, mit Ausnahme der letzten Nummer, die ein Flickstück hat.

Nr. 159. Aehnliche Anordnung wie Nr. 157. Ueber dem Doppelwappen eine Hirschjagd; unten in einer von Rollwerk umgebenen Tafel das Monogramm **BF.** und die Inschrift (d. B): „Hainrich Keller vnd Margaretta Zillin . Anno Domini 1581.˝

0,323 h., 0,205 br.   Einige Risse, sonst gut erhalten.

Nr. 160. Das Mittelstück stellt unten in Gegenwart des hl. Konrad den Gekreuzigten zwischen Maria und Johannes vor. Zur Seite kniet hinter seinem Schilde der bürgerlich gekleidete Donator. Ein Spruchband enthält die Inschrift (d. B): „Jefus ich bitten dich durch din hailigs bitë liden vnd fterbe, las mich in kainer fünd verderben. Conratt wiffer der zit landfchreiber zu appenzel.˝ Die beiden oberen Drittheile des Mittelstückes zeigen, vierfach neben einander geordnet, die Halbfiguren der Apostel mit den Sprüchen des Credo, zuoberst erklärt durch die Aufschrift (d. B): „Das ave maria ist im himel gmacht, | Den glaubë händ zwölf botë gmacht, | vnd hats vatter vnffer vfferdë bracht . | das het kein Fromer christ nie veracht . 1582 .˝ Zwei Pfeiler begleiten diese Mitte. Sie sind mit den Emblemen der Evangelisten Lukas und Johannes und den Gestalten der Madonna und der hl. Christophorus, Mauritius und Achatius geschmückt.

0,26 h., 0,216 br.   Gut erhalten; einige Risse; Kopfstück fehlt.

Nr. 161. Auf weissem Grunde steht das äbtische Wappen zwischen SS. Gallus und Othmar. Oberhalb des rothen Architraves erscheint die Madonna zwischen beiden Johannes. Unten die Inschrift (d. B): „Joachim vö Gottes gnadë Abbt deß wyrdigen Gotzhus Sant-Gallen 1582.˝ Monogramm

0,408 h., 0,314 br.   Mangelhaft erhalten; es fehlen vier Stücke.

Nr. 162. Auf dem weissen Grunde, der von zwei Pfeilern und waagrechtem Gebälk umrahmt wird, steht zwischen den Wappen der Evangelist Johannes mit dem Schlangenkelche. Von dem Gebälke hängt eine Tafel mit dem Datum 1583 herab. Darüber St. Anna selb dritt zwischen den Schilden von Wyl. (Schwarzer Bär und schwarzes W auf Weiss.) Am Fusse die Inschrift (d. B):

„Hans Rudolf Saler, Schulthes zu Wyl, Ana Kriegin v̌. Bellican˝ und das Monogramm

Dieselbe Chiffre steht auf dem Schilde oben rechts. Schwere, derbe Ausführung.

0,415 h., 0,31 br.   Abgesehen von einem Risse gut erhalten.

Nr. 163. Unter der Hirschjagd, welche das Kopfstück bildet, steht auf einfärbigem gelbem Grunde der geharnischte Stifter neben seinem Wappen, dazwischen die Devise (d. B): „Verthruw Shuow Wem.˝ Am Fusse: „Kriftofel Von Phayer Zu Frödenfels 1584.˝

0,293 h., 0,20 br.   Rostig und verblasst, sonst intact.

Nr. 164. Am Fuss der Scheibe (d. B): „Jakob Spengler. Der Zeytt Bürgermaifter zu Santt Gallenn. Anno domini 15.84˝, darüber die auf das Mittelbild bezügliche Inschrift: „Von Saba zog Die Königin. | Das fie die kluge red Vnd Sinn | Des König Salomons erfar: | Wer Weishait fucht, der find fie par: | Drum lobt fie Chriftus hoch für war.˝ Zwei wuchtige Pfeiler flankiren die Mitte, sie sind in zwei Etagen mit ovalen Medaillons geschmückt, welche die Gestalten der vier Kirchenväter enthalten. Ueber dem blauen Architrave eine Cartouche mit dem Schild des Stifters, in den oberen und unteren Ecken die vier Evangelisten. An einer Säule des Mittelbildes ⚔ ⚔. Am Fuss der untern Schrifttafel ℰℭℙ·

0,41 h., 0,31 br.   Einige Bleie und Risse, sonst gut erhalten.

Nr. 165. Das Doppelwappen auf weissem Grunde wird von bunter Architektur viereckig umrahmt. Oben die Geschichte der Judith. Unten zwischen musicirenden Engelchen die Inschrift (d. B): „Christoph Studer von Rebstein Burger zu Sant Gallen vnd Judith Studeri von Rebstein geborne Schowingerÿ fin Eegemahel 1585˚ und Monogramm 𝕏

0,33 h., 0,202 br. Gut erhalten, einige Risse.

Nr. 166. Unterschrift (d. B): „Jonefs Schery Vnd Barbel Neüwenhüfferin fin Eliche huffrow Baide zu engifshoffen 1.5.8.6.˚ Zierliche Bauernscheibe. Auf weissem Grunde der Mann im Festgewand, dem die Frau den Willkomm bringt. Ueber dem blauen Architrave pflügende Bauern

0,32 h., 0,205 br. Ein Riss, sonst gut erhalten.

Nr. 167. Rundscheibe. Ein grüner, mit purpurnen Masken besetzter Kranz umschliesst auf farblosem Grunde die Wappen. Unten (d. B): „Bendicht Stockar vnd Jabell Stockerin Ein Gebornne Rütlingerin Sin Ellicher Gemahell 1586.˚

Durchmesser 0.22. Erhaltung gut.

Nr. 168. Bunte Umrahmung im Hochrenaissancestyl. Auf gelbem Grunde die von dem Helm des Mannes überragten Allianzschilde. Oben SS. Heinrich und Apollonia. Zwischen den Schilden 1586. Unten eine Tafel mit der Inschrift (d. B): „Heinrich bridler Der Zit fant Pelayen Gestiffts Amptman Zu bifchoffzel Appolonia Falckin fin Huffrow.˚

0,316 h., 0,204 br. Rostig, sonst gut erhalten.

Nr. 169. Zwischen bunten Säulen ist in ovaler Umrahmung die Geschichte von dem barmherzigen Samariter geschildert. Oben neben der Cartouche mit der Verweisung: „S. Lucas Am . 10 . Cap.˚ der Verwundete, den seine Beschützer in die Herberge geleiten. Unten Schild und Inschrift (d. B): „Hans Eter der zyt vogt zu haper-Schwill, Anno Domini 1586.˚

0,295 h., 0,195 br. Gut erhalten, aber ziemlich rostig.

Nr. 170. Am Fuss (d. B): „Prior und gemainer Convent des Wirdigë Gotzhufes. S. Laurentze zu Ittingë Cartheifer ordens dafelbft 1588.˚ Das ausführliche Rundbild stellt das Ordenskapitel der Chartreuse dar. „AVLA CAPITVLI GENERALIS ORDINIS CARTVSIENSIS.˚ Der gevierte Saal, in welchem in sechs Reihen hintereinander die Mönche sitzen, ist rings von Bänken umgeben. Links thront zwischen dem „Declamator Capituli˚ und dem ebenfalls stehenden „Scriba Capituli˚, die aufgeschlagenen „statuta˚ haltend, der „pater Reuerend˚; dem Beschauer gegenüber in der Tiefe stehen die „sedes Conuentus Cartsusiæ˚; an der rechten Langseite die der „Cæterorumqæ Priorum profinciarum˚; auf der vierten, der Eingangsseite, die: „Sedes Retiquorum (sic) Priorum Ordinis Carthusiensis.˚ Die Bänke der übrigen Brüder tragen, von vorn nach hinten, die Bezeichnung: 1. „Sedes Definitorum patrum˚; 2. „Sedes Patrum Germaniæ˚; 3. „Sedes Patrum Galliæ˚; 4. Sedes Patrum Italiæ˚; 5. „Sedes Patrum Hispaniæ˚; 6. „Sedes Patrum Angliæ.˚ Die Bordüre enthält 12 Medaillons mit Scenen aus der Legende des Ordensstifters. In den Ecken oben der Almosen spendende Laurentius und sein Martyrium, unten zwei Scenen aus der Ordensgeschichte. Rechts und links die Schilde von Ittingen.

0,605 h., 0,565 br. Vorzüglich erhalten.

Nr. 171. In der Mitte steht auf weissem Grund vor einer gelben Balustrade die stattliche Figur des Stifters im Festgewand mit Schwert und Muskete. Zur Seite sein Wappenschild: Zwei kräftige Pfeiler mit Rollwerkkapitälen tragen einen blauen Giebel. Die Kopfstücke zu Seiten desselben zeigen eine Viehheerde, die von einem Bauern getrieben wird; am Fusse die Inschrift (d. B):

„Hans Böüller Ab dem Hemberg 1588." Die Hauptfigur, namentlich der Portraitkopf, vortrefflich durchgeführt.

0,314 h., 0,206 br. Bis auf Rostspuren und einige Nothbleie und Sprünge gut erhalten.

Nr. 172. Unterschrift (d. B): „Das Land Gafter 1588." Schöne farbenreiche Umrahmung. Pfeiler mit vorgelegten Säulen tragen das krönende Volutenwerk; links am Fusse der kyburgische Schild. In der Mitte der Märtyrer S. Sebastian an einen Baum gebunden, in weiter grün und blau gemalter Landschaft. Monogramm ✗

0,335 h., 0,237 br. Einige Nothbleie; sonst gut erhalten.

Nr. 173. Auf Weiss das äbtische Wappen zwischen der Madonna und dem hl. Christophorus. Oben 2 Scenen aus der Legende der hl. Ida. Unterschrift (d. B): „Chri...f von Gottesganden (sic) Abbte des wird ... n Gottshauß Fischingen 1589." Monogramm ⚜

0,45 h., 0,325 br. Sehr defect.

Nr. 174. Auf farblosem Grunde stehen zu Seiten des Schildes ein Mann in der Festtracht mit der Hellebarde und die Hausfrau mit dem Willkomm. Über dem rothen Rollwerk stellt das Kopfbild einen Fuhrmann mit einem Ochsgespanne dar, das Weinfässer zieht. Unterschrift (d. B): „Willhelm Brager, vnd Barbara Hüttamößlerÿ, fin Ehliche huffrow 1589." Monogramm C S

0,315 h., 0,206 br. Zwei Risse; sonst gut erhalten.

Nr. 175. Rundscheibe. Auf farblosem Grunde ist gelb und blau das Opfer Abrahams gemalt. Umschrift (d. B): „Wie Abraham im zucken War, | Wolt nun fein Son aufopfern gar. | Da ruft der Engel, das er hört, | Ain Wider im dafür beschert. | Was Got bewärt, daffelb er ehrt. Gens. 22. C." Unten der Schild mit der Schriftrolle: „Sima Kuntz 1590."

Durchmesser 0,137. Erhaltung gut; ein Riss.

Nr. 176. Das Mittelstück zeigt einen Mönch (ohne Nimbus), der in seiner Klause mit Lesen beschäftigt ist; neben ihm ein junger Bär. Seitwärts erscheinen in zweigeschossiger Anordnung unter rundbogigen Arcaden, links: SS. Sebastian und Othmar; rechts: SS. Rochus und Notker. Oben drei Wappen: 1) Heinrich Fleckensteins; 2) das Fleckensteinsche mit der Allianz Mutschlin écartelirt; 3) „FRAVW ANNA REICHMVTIN." Unten in der Mitte, mit der Ueberschrift: „FR. NICASI. VO. FLECKENSTEIN 1590" ein knieender Benedictiner, neben dem ein Engelchen den Schild der Fleckenstein hält. Rechts und links zwei Wappen mit den Inschriften: „IOANES IACB MVTHSHLIN" und „FR. EVPHEMIA VON ERLACH."

0,315 h., 0,205 br. Erhaltung gut; einige Nothbleie; ein Riss.

Nr. 177. Dreitheilige Anordnung. In der hohen Mitte erscheint über dem écartelirten Schilde die Halbfigur der Madonna. Die dreigeschossig gegliederten Seitenflügel, enthalten in den vier oberen Feldern die schreibenden und meditirenden Evangelisten; unten jedesmal zwei schwarz gekleidete Männer, die beiden links, bezeichnet „instus es domine", stehen vor einem Kranze, die Anderen, bezeichnet „et rectu judiciu tuum" vor einem Sarge. Dazwischen enthält eine von Rollwerk umgebene Tafel die Inschrift (d. B): „Hans Matheus Hundtpiß vo waldtraumbs Tumbprobst der Hohen Stifft Costantz. 1590."

0,34 h., 0,262 br. Erhaltung gut; einige Risschen.

Nr. 178. Auf gelbem Damast stehen zu Seiten des Schildchens der Mann im Festgewande mit der Hellebarde und seine Gattin im Hausgewande mit dem Willkomm. Das Kopfstück zeigt einen von acht Joch Ochsen gezogenen Pflug. Unten (d. B): „Hans Schö.... Aman Zü Giftisk-hoffen vnd Barbara Mofferin .... Eliche Liebe huüfroüw. Anno 1591.“

0,325 h., 0,213 br.   Erhaltung gut; einige R sae.

Nr. 179. Bunte Pfeiler und ein aus Rollwerk zusammengesetzter Flachbogen umschliessen den weissen Grund, auf welchem, überragt von den Ritterzeichen des schwäbischen Bundes, das Hohenlandenberg'sche Wappen steht. In den oberen Zwickeln und zu Seiten der unteren Schrift-tafel die allegorischen Figuren der Vorsicht, Mässigkeit, Gerechtigkeit und Stärke. Unten (d. B): „Hug Von der Hochenlandenberg. 1591.“

0,32 h., 0,215 br.   Erhaltung tadellos.

Nr. 180. Säulen und Rollwerk umrahmen die Wappen des Paares. Unten steht zwischen zwei allegorischen Frauengestalten die Inschrift (d. B): „Lüpolt Fehr des Radts zu Lutzern Land-vogt In oberen vnd niederen Thurgööw . F . Elfbet Ferin Ein Geborne von Heiden Henn fin Eege-machell 1591.“

0,32 h., 0.212 br.   Die oberen Zwickel fehlen, sonst gut erhalten.

Nr. 181. Auf weissem Grund steht das Gemmingen'sche Wappen mit der Devise: „Au Gott Hoff ich Allzeitt“ flankirt von üppigen Stützen, die von einem Atlanten und einer weiblichen Herme getragen werden. Oben eine Turnierscene; unten die Inschrift: „Bernolff von Gemingen Anno 1591.“

0,316 h., 0,205 br.   Bis auf einen Riss gut erhalten.

Nr. 182. Originelle und lebensvoll geschilderte Gerichtsscene, im Viereck von Wappenschilden umgeben; letztere tragen die Namen (d. B): Jerg Puppikoffer; Vlrich Burckhartt; Heinrich Schmid; Adam Albrecht; Cafpar Ottli; Hans Wiße; Hans Weine; Hans Spreng; Hans Schweitzer; . . . by Lecheman; u. s. w. . . . . . . Unterschrift (d. B): „Ein Erfam Gericht zu Niderbütilingen 1591.“

Monogramm ✦VVB✦

0,405 h., 0,305 br.   Sehr defect und verrostet.

Nr. 183. Ein grosser ovaler Kranz umschliesst auf weissem Grunde das Gemmingen'sche Wappen. Vor den seitlichen Pfeilern stehen die Personificationen der Fides und Spes. Oben eine Hirschjagd; unten zwischen Knaben, die als Falkner und Jagdknappen charakterisirt sind, eine Rollwerktafel mit der Inschrift: „Schweighardt von Gemingen 1591 Allein Gott die Ehr.“

0,317 h., 0,21 br.   Erhaltung gut; ein Riss.

Nr. 184. Unterschrift (d. B): „Fendrich Lorentz Eerler zu appëzell 1592.“ Auf blanem Damast ein geharnischter Pannerträger, zu Füssen sein Schild. Ueber den Säulen Madonna und S. Laurentius. Die Fahne des Pannerträgers wird durch ein durchgehendes weisses Kreuz waag-recht halbirt: untere Hälfte gelb: obere waagrecht vierfach violett und weiss getheilt.

0,31 h., 0,21 br.   Bis auf einen Sprung durch das Wappen intact.

Nr. 185. Die grau in Grau mit Silbergelb sehr voll und pastos durchgeführte Monolithminia-ture stellt eine weibliche Figur mit den Attributen der Kunst dar, neben welcher der kosende Amor steht. Datum 1592. Vermuthlich eine Atelierprobe Chr. Murers.

0,17 h., 0,136 br.   Intact.

Nr. 186. Ein Ovalkranz, durch eine mittlere Säule getrennt, umschliesst auf weissem Grunde, der mit schwarzen Schnüren belebt ist, die Allianz-Wappen. Das Ganze wird von einem vier-eckigen Rahmen umschlossen, dessen Zwickel mit den Gestalten der Gerechtigkeit, Vorsicht, Glaube

und Stärke ausgefüllt sind. Oben eine Hirschjagd. Unten: „Caspar Rottmondt Martha zollyko-
ferin Sein Husfrow 1592.“ Derbe und flaue Ausführung.

0,3? h., 0,21 br. Mittelmässig erhalten; verschiedene Sprünge.

Nr. 187. In bunter Architektur auf weissem Grunde die beiden Wappen. Oben der arme
Lazarus und das Gastmahl des reichen Mannes nach „LVCE 16 CA“. Unterschrift (d. B): „Hector
Studer Võ Winckhelbach zü Rockwille, v̄d Fr. Wendelberg, ain geborne Möttellin võ Rappenftain,
fein Eegmahel 1595.“

0,296 h., 0,198 br. Erhaltung gut; zwei Risse.

Nr. 188. Vier Rundscheibchen: a. Geistliches Wappen mit dem Protonotarius-Hut. Umschrift
(lat. Cursiv): „Marcus Sitticus: Card . Et . epis: Const: 1574.“ b. Bunte Miniature, die Verkündigung darstellend 1592 und Monogramm **1·5·M+M· 9 2·**. c. und d. Krenzigung und Grablegung mit sparsamen Schmelzfarben sehr zart und elegant im Style Christoph Murers durchgeführt.

Durchmesser je 0,095. Intact.

Nr. 189. Auf weissem Grunde wird das Wappen von bunter Architektur umrahmt, oben die
Aufschrift (d. B): „Jacob Hanns Jacob vnd Sebaftian Bifchoff gebrüeder 1595.“ Unten die Reime:
„Wie wol wir Dreij . . . . . | So hatt doch gluckl . . . . . | O wolte Gott es Kein . . . . . |
Das Menfchen he . . . nicht . . . Neid.“

Verrostet, ausserdem verschiedene Nothbleie.

Nr. 190. Auf farblosem Grunde in dürftiger Architektur die beiden Wappen. Das bunte, zierlich
durchgeführte Kopfstück enthält die Scene I . REG . XXV . Cap. Unten die Inschrift (d. B): „Dauidt
Studer võ winckhelbach Zum Bolbach, hoffmeister des fürftlichen Gottshaus S. Gallen v̄d Fr. Elisa-
beta ain geborne Rugkin von Danneckh fin Eegemahel 1595.“

0,30 h., 0,20 br. Erhaltung gut; einige Risse.

Nr. 191. Mit trüben Schmelzfarben gemalter Monolith: in bunter Nische steht auf der Mondsichel die Madonna mit dem Kinde. Unten die Inschrift: „BENEDICTA TV INTER MVLIERE(S)
ET BENEDICTVS FRVCTVS VENTRIS TVI.“ Monogramm V . C

0,212 h., 0,155 br. Erhaltung mittelmässig. Das obere Stück ist eine moderne Ergänzung. Das Monogramm V . C und die Jahreszahl 1506 sind falsch, statt letzterer sollte es 1596 heissen.

Nr. 192. Derbe Technik. Auf weissem Grunde das behelmte Wappen, neben welchem der
mit Helm und Harnisch bewehrte Stifter steht. Das durchgehende Kopfstück stellt in landschaftlicher Umgebung SS. Matthäus, Georg und Agnes dar. Am Fuss eine Rollwerktafel mit der Inschrift: „Houpman Mattdigeff Rütty Ritter vnd Burger in Der Statt Will im Durgy 1596.“

0, 318 h., 0,201 br. Bis auf wenige feine Risse intact.

Nr. 193. Bunte Pfeiler mit rothem Volutenbogen bilden die Umrahmung. In der farblosen
Mitte das Wappen. Oben eine Hirschjagd; unten zwischen Engelchen die Tafel mit der Inschrift
(d. B): „Georg . . . der Rechten Doctor, St . . . . . scher Rath, vnd Cantzle . . . . no 1596.“
Monogramm **C 8**.

Mittelmässig erhalten. Es fehlen zwei Stücke; das Hauptbild ein Riss.

Nr. 194. Auf gelbem Grunde umrahmt eine derbe, plumpe Architektur das Wappen. Die
Kopfstücke scheinen, nach den Bruchstücken zu schliessen, die Geschichte des Tobias behandelt zu
haben. Unten (d. B): „Dauidt Diethelm Dißer Zitt Aman Zu Vttwilen . 1.5.9.6.“

0,312 h., 0,202 br. Erhaltung mittelmässig; Nothbleie und verschiedene Flickstücke.

Nr. 195. Unter doppelter Pfeilerstellung, die durch einen aus Rollwerk gebildeten Architrav verbunden wird, stehen die beiden Wappen. Darüber der englische Gruss. Unten zwischen zwei Engelchen die Inschrift (d. B): „Hanß Jacob Diethelm von Vttwiler, Dißer Zit Shriber zu Münsterlingen vnd Appelonia stuckin von Zürich Sein Eliche huß Frow 1596."

0,314 h., 0,204 br. Leidlich erhalten; Nothbleie; zwei Flickstücke.

Nr. 196. Zwei bunt gekleidete Engel halten auf farblosem Grunde das Reichswappen, darunter der aufrechte Schild von Schwyz. Ueber dem krönenden Abschlusse: links die Madonna in Glorie und rechts S. Martinus, der mit dem Bettler den Mantel theilt. Unten die Inschrift (d. B): „Das Land Schwitz 1597."

0,305 h., 0,306 br. Leidlich erhalten; verschiedene Nothbleie.

Nr. 197. Bauernarbeit. Auf gelbem Damast steht der greise Stifter mit Barett und Stab. Vor den plumpen Pfeilern, welche die Mitte flankiren, sind die zeitgenössisch gekleideten Personificationen „Sapientia" und „Prudentia" angeordnet. Oben David und Goliat. Unten zu Seiten des Stifterschildes auf einer von Rollwerk umgebenen Tafel die Inschrift (d. B): „Jacob Boll Vffem Stein 1598."

0305 h., 0,212 br. Zwei Sprünge durch das Hauptbild und den Scheibenfuss.

Nr. 198. Das Hauptbild zeigt in reicher Pfeilerarchitektur mit Spitzgiebel ein stattliches Gemach, wo der König an festlicher Tafel den ungerechten Richter rügt. Das obere Mittelstück, Jakobs Traum, ist nachträglich eingeflickt. Rechts und links: die Bestrafung des ungerechten Richters, der bei lebendigem Leibe geschunden wird. Unten zwischen der Inschrift (d. B): „Peter Wegerich Zu Bernoüw Dißer Zytt Müntzverwalther zu Schaffhusen ANNO . D , 1598." das Wappen von einem Ovalkranze umschlossen.

0,296 h., 0,20 br. Einige Nothbleie; sonst gut erhalten.

Nr. 199. In bunter Architektur stehen auf weissem Grunde die beiden Wappen. Oben Anbetung der Könige. Unterschrift (d. B): „Thoma Kesselring der Zeit Vogt vnd Verwalter der Herrschafft Weinfelden vnd Elsbet Mötteline sein Eheliche Hauffrow 1598." Monogramm **C H**

0,320 h., 0,195 br. Erhaltung gut; drei Risse.

Nr. 200. Derbe Schmelzfarbentechnik. Das Mittelstück, vorwiegend blau, gelb und schwarz gemalt, enthält, durch ein Kreuz getheilt, vier Scenen aus der Geschichte des verlorenen Sohnes. Vor den schweren Pfeilern zur Seite erscheinen die Personificationen des Glaubens und der Klugheit. Das breite Kopfstück stellt vier mit Errichtung eines Blockhauses beschäftigte Zimmerleute dar. Unten zur Seite des Stifterschildes die Inschrift (d. B): „Meister Hanufs Ernni Zimerman Zu Cappell Anno 1598."

0,410 h., 0,323 br. Einige Risse; sonst gut erhalten.

Nr. 201. Flottes Wappen in reicher Architektur. Unterschrift (d. B): „Nicolaüs Thrit. des Raths vnd Schützenmaifter 1599."

0,380 h., 0,312 br. Sehr defect; es fehlen verschiedene Stücke.

Nr. 202. Das zierlich durchgeführte Mittelstück zeigt oben die beiden Johannes und die Madonna, zwischen SS. Laurentius und Bruno, zu Füssen das Datum 1599 und die Inschrift: „PRIOR VND GEMEINER CONVENT DES WIRDIGEN GOTZSHVS . S . LOVRENTI ZV̊ ŸTINGEN CARTHVSER ORDENS."

0,366 h., 0,202 br. Conglomerat von Bruchstücken aus dem XV. bis XVII. Jahrhundert.

Nr. 203. Auf farblosem, mit Schnüren belebtem Grunde stehen die Allianzwappen der Zylli und Schobinger von St. Gallen. Kräftige Säulen und ein purpurener, aus Voluten zusammengesetzter Flachbogen, bilden die Umrahmung, über welcher in bunten Miniaturen zwei Scenen aus dem Martyrium des Täufers Johannes dargestellt sind.

0,326 h., 0,217 br. Erhaltung mittelmässig; Nothbleie und Risse; das Fussstück fehlt.

Nr. 204. Auf weiss, von grünen Ovalkränzen umschlossen, die beiden Wappen. Oben Simson mit dem Löwen und dem Thore von Gaza. Fragment der Unterschrift (d. B): ...... Scherb .... Zuo Altten Klingen .... Hoffine Sein Elliche husfrow"

0,30 h., 0,195 br. Sehr defect; ein Wappen und mehrere Stücke fehlen.

Nr. 205. Rohe Arbeit. Das Wappen mit der Devise steht zwischen den Personificationen des Glaubens und der Hoffnung. Oben Anbetung der Könige. Die Schrift am Fuss der Scheibe ist verblichen.

0,273 h., 0,205 br. Schlecht erhalten; Rost. Alte und neue Flickstücke und Nothbleie.

Nr. 206. Dreitheilige Architektur mit seitlichen Architraven und einem mittleren Rundbogen, über welchem David gegen Goliat kämpft. Zwischen Justitia und Prudentia steht das Wappen. Unten, von Engeln gehalten, die Inschrifttafel (d. B): „Geörg Hüber Deü Rahts, der Zeitt Oberbüwmaister der Statt Sanct Gallen." Monogramm E

0,327 h., 0,236 br. Gut erhalten; einige Nothbleie und Flickstücke.

Nr. 207. Zwei unbekannte Wappen auf farblosem Grunde werden von Pfeilern flankirt und durch eine Säule getrennt. Die bunten Kopfstücke stellen die allegorischen Gestalten der VICTORIA und PAX dar.

0,28 h., 0,21 br. Erhaltung gut; die Inschrift am Fusse fehlt.

Nr. 208. Wackere Bauernscheibe. Auf weissem, mit schwarzen Schnüren besetztem Grunde stehen vor einer Balustrade der Mann als Büchsenschütze und die Hausfrau mit dem Willkomm. Oben rechts stehen die Beiden unter der Thüre ihres Wirthshauses, sie mit der Weinkanne, er mit dem gefüllten Glase, das er einem Reiter zum Bügelschoppen überreicht. Zwei andere Reiter und ein Träger kommen von Links. Unten zwei ovale Kränze, in welchen zeitgenössisch gekleidete Jungfrauen die Schilde des Paares halten; dazwischen die Inschrift (d. B): „Heinrich Henfeler, Würt Zum Weißen Creitz Zue Byschoffzell, Verena Schönweilery, fin eliche Husfrow."

0,325 h., 0,20 br. Erhaltung tadellos.

Nr. 209. Scheibe eines Abtes von Kreuzlingen (schwarzer Greifenkopf auf Gelb). In der Mitte auf Weiss das écartelirte äbtische Wappen zwischen SS. Ulrich und Afra. Ueber der rothen Bekrönung der Schild von Kyburg und ein unbekanntes Wappen. Darüber (d. B): „Kyburg, Stiffter." Von den seitlichen Zwickelbildern ist nur noch die Maria der Verkündigung erhalten.

0,32 h., 0,204 br. Erhaltung gut; doch fehlen die obere Zwickel links und die Inschrift.

Nr. 210. Grau und gelb gemaltes Rundscheibchen aus der 2. Hälfte des XVI. Jahrhunderts. Christus als Gärtner erscheint der Magdalena.

Durchmesser 0,088. Tadellos erhalten.

Nr. 211. Gegenstück zu Nr. 210. Grau und gelb gemaltes Rundscheibchen, in anmuthiger Landschaft die Heimsuchung Mariæ darstellend.

Durchmesser 0,087. Tadellos erhalten.

Nr. 212. Schwarz und gelb auf Weiss gemaltes Rundscheibchen aus der 2. Hälfte des XVI.

Jahrhunderts. Der Gekreuzigte zwischen Johannes und Maria. Magdalena umfasst kniecnd den Stamm des Kreuzes.

Durchmesser 0,092. Tadellos erhalten.

Nr. 213. Grau und gelb. Fernblick auf eine Stadt am Fluss. Die vornehm gekleidete Dame, welche dem ebenso stattlichen Gatten, der die Narrenpritsche hält, den Willkomm bringen will, wird vom Tode umarmt. Zwischen den Gatten der Wappenschild. Umschrift: „Joachim Bontinor von Stettin 1554."

Durchmesser 0,13. Erhaltung tadellos.

Nr. 214. Rundscheibchen. Auf weissem Grund das bunte Wappen mit Umschrift (d. B): „Balthaffar Federlin zu Costantz. Anno 1566."

Durchmesser 0,098. Ein Riss.

Nr. 215. Rundscheibchen. Auf Gelb das Wappen mit der Umschrift (d. B): „Cůonrat Gůmell Anno 1576."

Durchmesser 0,09. Erhaltung tadellos.

Nr. 216. Rundscheibchen. Auf Weiss die bunten gut stylisirten Wappen mit der Umschrift (d. B): „Lienhart Ollÿan vnd Barbara Felůin zu Coftantz 1576."

Durchmesser 0,107. Erhaltung tadellos.

Nr. 217. Rundscheibchen. Auf gelbem mit schwarzen Schnüren belebtem Grunde die behelmten Wappen. Auf der weissen Borte die Umschrift (d. B): „Haufs haiurich Von Liebenfelfs sibila von Liebenfelfs gebornö Reichlini 1585."

Derchmesser 0,12. Tadellos erhalten.

Nr. 218. Pendant zu Nr. 217. Auf weissem mit schwarzen Schnüren geschmücktem Grunde die beiden Wappen. Die Umrahmung enthält die Inschrift (d. B): „Gaberiel Reichlÿ vö Meldegh Vnd Amalya Reichlin geborne von dettingen. Anno domini . 1583."

Durchmesser 0,12. Tadellos erhalten.

Nr. 219. Rundscheibchen. Auf Weiss die beiden Wappen mit der Umschrift (d. B): „Raffahel Reichle von Meldeckh zur Lieburg, Anna Benjngna Reichline vö Meldeckh, geborne vö Mandach Sein ehliche hauffow (sic). Anno Domini 1594."

Durchmesser 0,12. Tadellos erhalten.

Nr. 220. Schwarz und gelb auf Weiss gemaltes Rundscheibchen, das Wappen enthaltend mit der Umschrift (d. B); „Hs. Caspar Billeter Pfarrer Zu Zumiken."

Durchmesser 0,084. Gut erhalten.

Nr. 221. Den weissen mit schwarzen Schnüren geschmückten Grund umrahmen Hermenpfeiler mit rothem Bogen, zu dessen Seiten S. Georg und die Königstochter erscheinen. Das Hauptbild stellt die hl. Margaretha vor. Gering. Circa Mitte des XVI. Jhdts.

0,28 h., 0,20 br. Mittelmässig erhalten; stark verbleit und rissig; einige neue Stücke. Der Schild ist ein altes eingeflicktes Stück.

Nr. 222. Derbe aber farbenkräftige Arbeit. Auf Weiss die thronende Madonna zwischen SS. Luzius und Florinus. Am Sockel das Monogramm **WB** und die Unterschrift (d. B): „Johanes von Gottes genadē." (Das Seitenstück mit der auf einen Bischof von Chur weisenden Ergänzung fehlt. Der Stifter ist ohne Zweifel der Bischof Johannes V. Flugi von Aspermont 1601 bis 1627.)

0,358 h., 0,295 br. Bis auf einige Risse gut erhalten.

Nr. 223. Bruchstück einer unbekannten Scene, vielleicht des Königs, der den unversehrten David in der Löwengrube erblickt. Am Fusse zu Seiten der beiden Schilde die Inschrift: „H . MA-THIS . BACHOFEN . PREDICANT . ZV GLA(R)VS . H . IOHANES . IACOB . LÖFFELSPERGER . PREDICANT . ZV . MOLLIS . 1577.“

0,183 h., 0.21 br. Verschiedene Risse; ein grosses Flickstück.

Nr. 224. Fragment. Mittelstück einer Scheibe die Verkündigung Mariæ darstellend. Ca. 1580. Verbleit.

Nr. 225. Fragment. Ein unbekanntes Wappen mit dem Mittelstücke der Bekrönung. Heraldisches Capitalstück. Circa 1550.

Nr. 226. Fragment. Mittelstück. Bunter Monolith, den hl. Stephan darstellend. Ca. 1560—70.

Nr. 227. Auf rothem Damast wird das Wappen von Hermenpfeilern mit giebelförmiger Bekrönung umrahmt. Am Fuss das Datum 1556 und die Inschrift (d. B): „Anthony wierman . 1556.“ In den oberen Eckzwickeln eine bunte Entenjagd.

0,30 h., 0,21 br. Verrostet.

Nr. 228. Rundscheibe. Auf farblosem Grund ist schwarz und gelb das flott stylisirte Wappen gemalt (springender schwarzer Widder auf Gelb). XVI. Jhdt.

Durchmesser 0,21. Gesprungen.

Nr. 229. Fragment. Der untere Theil stellt eine Gerichtscene dar; sie ist bezeichnet: „Ein Ama Schriber vnd gätz Erfam Gricht Zů Goldach . Anno Domini 1580.“ Rings herum sind die Schilde der Gerichtsherren angeordnet; ihre Namen sind folgende: „Jochli Alther 4; Henfli Müller 5; Andareas 6 lindenmau; Jacob Egger 9; Jacob Lener 10; Gebhart Rütiger 11; Tebis Sufer 12; haüs Giger 13; Jacob Reul . . . Waibel.“ Monogramm ✦ **NV** ✦

0,243 h., 0,298 br.

Nr. 230. Das Mittelstück stellt die Madonna als Mutter des Erbarmens vor, die ihren Mantel über eine Schaar von Benedictinern ausbreitet. Rechts und links sind in senkrechten Folgen die Wappenschilde der Conventualen angeordnet und mit Initialen bezeichnet.

0,305 h., 0,20 br.

Nr. 231. Auf weissem Grunde stehen die Madonna zwischen SS. Katharina und Nicolaus von Myra. Am Fuss der Scheibe knieen zu Seiten des Wappenschildes zwei Nonnen.

0,29 h., 0,329 br. Sehr defect und verbleit. Kopfstück fehlt.

Nr. 232. Neben dem Abtsschilde stehen rechts S. Fintan, links S. Konrad, oben die Verkündigung. Unterschrift (d. B): „Johannes Thobaldüs von Gottesgnaden Abbte des wirdigen Gotteshuß Rinauw 1591.“ Monogramm **WB** ✦

0,31 h., 0.21 br. Sehr defect. Das Obertheil des Wappens und die Damastumgebung fehlen.

Nr. 233. Fragment. In zierlicher Umrahmung theilt St. Martin zu Pferd mit dem Armen seinen Mantel. Circa 1550.

0,272 h., 0,213 br. Fragment. Die untere Hälfte des Hauptbildes ist theils nicht mehr vorhanden, theils verflickt.

Nr. 234. Das breite Mittelstück zeigt in landschaftlicher Umgebung die Auferstehung Christi. Links in der Ferne erscheint der Auferstandene den beiden Marien auf dem Gange nach Emaus. Eine breite Ovalcartouche stellt die Verkündigung dar; die Seitenflügel bilden zweigeschossige Architekturen, unter welchen SS. Gallus und Othmar, sowie die beiden Johannes stehen. Am Fusse kniet betend mit Rosenkranz ein Benedictiner. Vor ihm sein Schild (aufrechte entwurzelte Tanne in Weiss), darüber ein Spruchband mit der Aufschrift: „Innocua qui morte tua dulcissime Jhesu Christe redemisti me misarere mei." Eine Cartouche daneben ist leer. Monogramm •C·S• Ende XVI. Jhdts.

0,262 h., 0,355 br. Einige Flickstücke, sonst gut erhalten.

Nr. 235. Ueber der Inschrifttafel umschliessen zwei Ovalkränze die beiden Wappen. Dasjenige des Mannes ist fremde Zuthat. Wirksame Bekrönung mit Rollwerk. Die grossen Kopfbilder zeigen die Taufe im Jordan und den Täufer Johannes, der dem Volke predigt. Unten die Inschrift (d. B): „Hannß Jacob Netzer Anna Brandenburgerin sein Eheliche Haußfrauw 1600."

0,315 h., 0,208 br. Verschiedene grosse Flickstücke und einige Risse.

Nr. 236. Gewöhnliche Bauernscheibe aus dem Anfang des XVII. Jahrhunderts. Von der Jahreszahl ist nur die Ziffer 9 erhalten. Dem Hellebardier im Festgewande bringt die Frau den Becher dar. Weisser Grund mit schwarzen Schnüren. Oben ein pflügender Bauer. Unten, neben dem von einem Engelchen gehaltenen Wappenschilde die Inschrift (d. B): „Jacob Kr . . . . . Zu Enckhusen vnd Elsbe . . . . Ehliche huffraw."

0,29 h., 0,195 br. Ein Flickstück und einige Risse, sonst gut erhalten.

Nr. 237. Ein ovaler Kranz von Guirlanden und Cartouchen umschliesst auf blauem Damast das Wappen. Unten eine Tafel mit der Inschrift (d. B): „H. Hans Keller der Zytt Venner Zu Fryburg. 1601." Die Allegorien in den Ecken stellen Stärke, Glaube und Vorsicht dar.

0,315 h., 0,202 br. Erhaltung mittelmässig; verschiedene Risse und alte Flickstücke.

Nr. 238. Zürcher Scheibe im Murer'schen Styl. Säulen und Pfeiler mit rothem in der Mitte rundbogig überhöhtem Architrave umschliessen auf Weiss das Wappen der Stapfer. Oben Hirschjagd. Unterschrift (d. B): „Jacob Stapfer. Amptman des Wettinger Hofs zu Zürich 1603."

0,29 h., 0,198. Defect.

Nr. 239. Auf weissem Grunde mit schwarzen Schnüren steht das écartelirte Wappen des Abtes. Vor den seitlichen Pfeilern SS. Benedict und Fintan. Oben zu Seiten des englischen Grusses SS. Matthäus und Marcus. Unten zwischen SS. Johannes und Lucas die Inschrift (d. B): „Gerold von Gottes Gnaden Abbte vnd Herr Zuo Rinow 1603."

0,394 h., 0,302 br. Erhaltung gut; einige Nothbleie; vom Kopfe des hl. Fintan fehlt ein Stück.

Nr. 240. Das viereckige Mittelstück enthält auf weissem Grund das Wappen, begleitet von zwei schweren Pfeilern, vor denen zwei Apostel, der Eine mit Speer, der Andere mit der Keule, stehen. Ueber der aus rothen Voluten gebildeten Bekrönung ein lahmer Kampf von Fusssoldaten. Unten, von Engelchen gehalten, eine Cartouche mit der Inschrift (d. B: „Ho Jacob Vllmañ, der Zytt Statthalter, Zu Apëzell 1603." Geringe Schmelzfarbentechnik.

0,425 h., 0,32 br. Ein Riss quer durchs Wappen, sonst gut erhalten.

Nr. 241. Unten in einer von Rollwerk umgebenen Tafel die Inschrift (d. B): „H. Joachim Rüthlinger, der Zyt Burgermaister zu Sanct Gallen 1605." Monogramm 𝒞𝓂 (Christoph Murer von Zürich). Auf weissem Grund das Wappen, umrahmt von einer luftigen Pfeilerarchitektur. In den Seitenflügeln links Justitia, rechts Caritas. Zu Seiten des mit Rollwerk gefüllten Volutenbogens zwei nackte Knaben zur Jagd gerüstet. Zwei ruhende Engelchen halten die mit blauem Rollwerk umrahmte Schrifttafel. Capitalstück Murerischer Technik.

0,44 h., 0,34 br. Einige Risse und Flickstücke, sonst gut erhalten.

Nr. 242. Das Kopfstück stellt die Verkündigung, das Hauptbild in bunter Umrahmung die Krönung Mariæ dar. Unten zu Seiten des Schildes die Inschrift (d. B): „Fridlÿ Haldener vnd Elſbet Nuofferin vö Gantſ ſin Huſſfrouw 1605."

0,32 h., 0,212 br. Erhaltung gut; einige Risse.

Nr. 243. Das grosse Mittelbild, das in ausführlicher Darstellung die Geschichte vom barmherzigen Samariter erzählt, wird von Säulen und ansteigenden Voluten umrahmt. Oben zwei unbekannte Heilige; am Fuss die Unterschrift (d. B): „Johanes Käller, Schmid vnd Wund Artzet Zu Unterwalden mit dem Kernwald vnd fr. Verena Zälger ſin Efraw" zwischen zwei grünen Ovalkränzen, welche die Wappen umschliessen (beide Wappen sind durch beliebige alte ersetzt). Monogramm ● HJ und Datum 1606.

0,31 h., 0,20 br. Erhaltung gut; ein Riss.

Nr. 244. Zweigeschossige Anordnung in dreifacher Gliederung. Das Hauptbild zeigt oben die Madonna in einer Glorie zwischen SS. Nicolaus von Myra und Agatha thronend. Unten werden die Schilde von Wyl von einem Engel gehalten, zu Seiten stehen SS. Petrus und Paulus. Unterschrift (d. B): „Die Stadtt Wyl Im Thürgöw. Anno domini 1606." Monogramm · HM HVG ·

0,398 h., 0,321 br. Einige Risse und Nothbleie, sonst gut erhalten.

Nr. 245. Auf Weiss das Wappen zwischen einem Waldmenschen und einer Waldfrau; über der bunten Bekrönung die Madonna und St. Georg. Unterschrift (d. B): „Hanß Jacob von Altmanfhausen, Tentſch Ordens Ritter und Hanß Comeudthurr Zu Ellingen 1606."

0,408 h., 0,31 br. Erhaltung gut; ein Riss und ein Nothblei.

Nr. 246. Auf blauen Wolken knieen in dreitheiligem Aufbau übereinander geordnet SS. Bernardus, Gallus und Othmar. Darunter öffnet sich der Ausblick auf eine Seelandschaft, vor welcher das écartelirte Wappen des Abtes steht. Am Fusse zu Seiten die Inschrift (d. B): „Bernhardus von Gottes Gnaden Abbte des Würdigen Gottshauß Sant Gallen. ANNO 1607." Monogramm **Æ**.

0,398 h., 0,298 br. Einige Risse, sonst gut erhalten.

Nr. 247. Ueber der Schrifttafel, die den ganzen Fuss der Scheibe einnimmt, ist dieselbe durch rothe Säulen und Architrave in zwölf gleiche Compartimente getheilt. Die untere Hälfte, der Mitte enthält auf Weiss von einem Ovalkranze umschlossen das Wappen des Stifters, darunter die Inschrift (d. B): „Othmar Rinner der Zytt Burgamaifter zu Sannt Gallen 1607." Die zehn übrigen Felder stellen, in derben Schmelzfarben ausgeführt, die Wunder Mosis in Aegypten dar. Unten die Verse: „Glich wie Gott Grächt Heillig vnd Rein | Alfo ift das fein Brauch In Gmein- | Das er Allzeitt in Dyffer Wälltt, Schräckenliche Exempel Hatt Gestellt. | Seiner Grächtikeitt vnd Stränen grichts An dem alls warnen Ghulffen Nichts. | Wie vor Zytten Den ägyptier, | Er gftrafft mit Zechen Plagen Schwer. | Do pharo der Künig mitt Zwang. | das Vulck Ifrahel vff hieldt Lang. Es nitt Wollt in die Wüfte Lan | Irn Herren Gott Zü opfferen Schon. | Wie du in Diffem Schiltt Sichst woll" Welchs vnfz Zur Warnung diene foll. | Das nir Gott Fürchtend in Seinem Reich | Im dienen hie vnd Dörtt Zü Glich. Der vnfs Erlöfft vnd Gmachet Frey | Vom Todt vnd Töüffels Tÿranneÿ Durch Jefum Chriftum ſinen Son. Der fey Gelobt im Höchfte thron."

0,49 h., 0,33 br. Erhaltung gut.

Nr. 248. Rundscheibchen mit dem écartelirten Wappen des Abtes Petrus Schmid von Wettingen. 1607.

Durchmesser 0,083. Erhaltung gut.

Die Nummern **249—258** sind Bestandtheile einer gemeinsamen Bilderfolge aus dem Jahre 1608, die sich muthmasslich in einem toggenburgischen oder thurgauischen Stifte befand.

Nr. 249. Einblick in eine nach rechts tief verjüngte Halle, in welcher die Geiselung Christi vor sich geht. Unten links hält ein Engel, von einem Ovalkranze umschlossen, den Schild; daneben eine Cartouche mit der Inschrift (d. B): „Frantzs Büler Weibel Zu Bütfchenfchwil im vnderen Ampt, vnd Heinrich Fuchs der Jung. Anno 1608."

0,41 h., 0,295 br. Erhaltung mittelmässig; verschiedene Flickstücke. Der Drittel rechts fehlt.

Nr. 250. Oben sind die Schilde des Vorsitzenden und der 6 Gerichtsherren angeordnet; sie sind bezeichnet „Rudy Gemperli; Hans Jacob Stretili; Wolff Hofftetter; Hans . . . . Otmar Zwick; Jörg Pfandler; Georgius Prack." Das grosse Mittelbild zeigt den verurtheilten Christus, der dem Volke vorgestellt wird. Unten die Inschrift (d. B): „Ein Gantz Erfam Gricht Zü Maggenouw 1608."

0,32 h., 0,295 br. Defect. Ein Stück des Mittelbildes und der Pfeiler rechts fehlen.

Nr. 251. Kreuzigung Christi. Neben dem krönenden Spitzgiebel schweben zwei Engel mit Kelchen. Unterschrift (d. B): „F. Heinricus Lang bichtiger Zu frouwenthal vnd F Jeronimus Eglas bichtiger zu Felbach, beid des Couuents zu Wettingen Anno 1608:

0,375 h., 0,31 br. Defect. Es fehlen verschiedene grössere Stücke.

Nr. 252. Das Mittelstück, ein grosser bunter Monolith, stellt die Grablegung Christi vor. In den oberen und unteren Ecken die Kirchenväter. Unterschrift (d. B): „Johanes Steiger Pfarherr Zu Mogelfperg vnd Helffenfchwil." ANNO 1608.

0,38 h., 0,298 br. Verschiedene Stücke fehlen.

Nr. 253. Rohe bunte Arbeit. Unter dem englischen Grusse sieht man, von schwülstiger Architektur umrahmt, die hl. Frauen und Johannes, welche vom Grabe des Heilandes nach Jerusalem zurückkehren. Unterschrift: „MAT . SVTER, PFARER ZV GOSSAW . M . IOAN VTWARDVS SCOTVS EDVBV : RGENSIS, PAROCHVS, IN WERDVCHEL 1608." (Wohl Werdbühl im thurgauischen Bezirk Bussnang.)

0,398 h., 0,29 br. Einige Nothblei und Risse, sonst gut erhalten.

Nr. 254. Ein Ovalkranz umschliesst die schmerzhafte Mutter, links S. IERG, rechts S. DORATEA. Oben Verkündigung und Anbetung der Könige. Unten (d. B): „Jerg Reding Gewefner Lüdtvogtt der Grafffchafft doggenburg vnd F: Doratea Reding Ein Geborne Tfchudin fein Ehegmahell 1608.,

0,39 h., 0,32 br.

Nr. 255. Auferstehung Christi, oben zwei musicirende Engel. Unterschrift (d. B): „Johañes Homburger von Vberlingen, Pfarherr zu Jonfschwil vnd Joc . . . . Heller Pfarherr zu Ganterfchwil vnd Lütenfpurg."

0,39 h., 0,295 br. Ganz Defect. ⅓ Scheibe fehlt.

Nr. 256. Himmelfahrt Christi. Oben St. Jacob und St Anna selbdritt. Unterschrift (d. B): „Jacob Forrer . . . . Zytt Spittall . . . . Liechtenstäg Ano . . . .

0,39 h., 0,295 br.

Nr. 257. Von schweren Säulen flankirt, öffnet sich der Einblick in eine tiefe durchsichtige Halle, in welcher der hl. Geist den Pfingstsegen spendet. Zu Seiten des krönenden Rundbogens

St. Johannes Evangelista und der hl. Bischof Konrad. Ein Ovalkranz umschliesst unten in der Mitte drei Wappenschilde; daneben die Inschrift (d. B): „Hans Vlrich Geillinger Burger Zu Wyl vñ Reggina Fronwen-Wilerin vn madelena Lädergärbin, ñu Elichen Huũfrouwenn . Ano 1608.-
Monogramm **E**

0,39 h., 0,283 br. Erhaltung gut; ein Flickstück und einige Risse.

Nr. 258. Das Hauptstück ist eine halbrunde, von bunter Architektur umgebene Lünette. Sie enthält, durch eine mittlere Säule getrennt, links, wo die Stifterin kniet, St. Bernhardus, der den Crucifixus umarmt; rechts denselben Heiligen mit den Passionsinstrumenten. Zu Seiten des krönenden Giebels die Verkündigung. Von der Inschrift am Fusse sind nur die Worte (d. B): „Von Gottes des Erwirdigen gottshus . . . . Anno 1608.- und Monogramm M. HVG erhalten.

0,404 h., 0,332 br. Defect.

Nr. 259. Querformat. In schwerer bunter Umrahmung stehen die drei Stifter im Festgewande; der Mittlere, ein Musketier, dem der Nachbar links mit der Weinkanne und dem Buckelglas sich nähert, während der Dritte die Flöte bläst. Unten zu Seiten des Schildes die Inschrift (d. B): „Jacob Bürr Der Von Güttingen genant der zam därckh anno 1.6.0.8.-

0, 25 h., 0,33 br. Erhaltung mittelmässig; starker Rost.

Nr. 260. Rundes Monolithscheibchen. Auf damascirtem weissem Grunde das gut stylisirte Wappen. Umschrift (d. B): „Wolffgang Zündelin . Anno 1608.-

Durchmesser 0,115. Erhaltung tadellos.

Nr. 261. Rundscheibe, virtuose Monolith-Miniature von Christoph Murer. Wilde Sauhetze in ausführlicher Landschaft. Monogramm: 1609

Durchmesser 0,27. Einige Risse; sonst gut erhalten.

Nr. 262. Vor dem krönenden Giebel erscheint in einem Ovalkranze S. Georg mit dem Drachen. Rechts und links ist die Begegnung des hl. Augustin mit dem Knäblein geschildert, das Wasser aus dem Meere schöpft. Das Mittelstück zeigt auf Weiss, von einem Engel gehalten, den Schild des Stifters mit der Devise (d. B): „All min anfang Mittel vnd End, stat alles In Gottes hand.- Zu Seiten Fides und Spes. Unten der Schmerzensmann und die Mater dolorosa. Zwischen Caritas und Veritas die Fuss-Inschrift (d. B): „Jerg Müller, differ Zeidlt Schultheis vnd Spittel Her der Statt Wyl. 1609.- Monogramm: M KVG

0,315 h., 0,20 br. Erhaltung gut; einige Risse.

Nr. 263. Derbe ländliche Arbeit. Auf gelbem mit schwarzen Schnüren geschmücktem Grunde steht St. Johannes Evangelista zwischen SS. Antonius und Michael. Das Kopfstück stellt die Vision des Evangelisten auf Patmos vor. Am Fusse zwischen dem Stifter und seinem Schilde die Inschrift (d. B): „M. Johanes Brüggner Pfarherr züv Niederbüren. Anno 1609.-

0,305 h., 0,19 br. Erhaltung gut; ein Defect und einige Risse.

Nr. 264. Rundscheibchen, Murer'sche Schule, die Fabel vom Frosch und der Maus nach Murer's Emblemata, Zürich 1622 Tafel 11, darstellend.

Durchmesser 0,113. Tadellos erhalten.

Nr. 265. Bauernscheibe. Oben kniet in Anbetung die zahlreiche Familie des Stifters mit der Aufschrift: „O Gott dir kört alein die er, du haft mir die Kind befehert 1610.- Das Mittelbild zeigt auf farblosem Grunde den Stifter im Festgewande und seine Frau mit dem Willkomm. Unten 1610 und zwischen den Schilden die Inschrift (d. B): „Hans Grab v̆ walterfchwil vnd Maria Brünari Sein Eegmahell mit Sampt ieren elichē kinden wie nach folt . hans . voli . Joff . doma . Jörg . abraham . anali . elsbeta . maria . margret.“

0,308 h., 0,208 br. Erhaltung mangelhaft; verschiedene Defecte und Risse.

Nr. 266. Runde Aemterscheibe von Zürich von 1610, bezeichnet: *Josios Hürer . Zürich*

Durchmesser 0.445. 5 Aemterwappen fehlen; sonst sehr gut erhalten.

Nr. 267. Anbetung der Könige. Vor dem Pfeiler links St. Veronica. Oben die Verkündigung. Neben der linken Hälfte der Unterschrift ein kniender Benedictiner. „FR . IOAN : CASPARVS : ABÆGERI CONVENTVALIS MONASTERY MŒISSTELLE . ALIAS . WETINGEN ET PRO TEMPORE CONFESSARIVS . MONASTERY DENIKEN . ANO . 1612.“

0.315 h., 0,14 br.

Nr. 268. Das Hauptstück zeigt auf weissem Grunde die Zürichschilde von zwei Löwen gehalten und überragt von dem Reichswappen. Dahinter eine Säulenarchitektur mit ebenfalls rothem Architrav, über welchem zwei weibliche Figuren, die eine als „Jurisdictio“ bezeichnet, thronen. Sie halten ein Medaillon mit dem Prospecte Zürichs. Den oberen Abschluss bilden in gerader Reihe, die wahrscheinlich später hierhergesetzten Schilde der Vogteien (d. B): „Griffensee; Wintertur; Eglisouw; Grüningen; Kyburg; Horgen; Stein; Andelfingen; Wädenswyl.“ Unten zwischen den Standesschilden 1613.

0,41 h., 0,28 br. Gut erhalten; einige Nothbleie und Flickstücke.

Nr. 269. In einer bunten, in die Perspective gezogenen Pfeiler- und Säulenarchitektur hebt sich von weissem Grunde das écartelirte Alliauzwappen der Stapfer und Reust von Zürich ab. Das Helmkleinod der Stapfer fehlt und ist willkürlich durch den halben Busch des Reust'schen Wappens ersetzt.

0,515 h., 0,383 br. Einige Risse; Inschrift fehlt. Zwischen und über den Helmen alte Flickstücke.

Nr. 270. Pendant zu No. 248. Unterschrift: „Hans Jacob Gessner der Zitt Vogt Zu Hegi 1613.“

0,515 h., 0,37 br. Einige Risse; sonst gut erhalten.

Nr. 271. Urtheil Salomonis zu Seiten des Schildes, in welchem St. Georg zu Pferd. Unterschrift (d. B): . . . . Ritter Der Zyt Frey Laundt . . . mündt grave fchafft Stœ(lingen?) dñi 15 . . .“ (Ende XVI. Jhdts.)

0,268 h., 0,272 br. Defect und verrostet.

Nr. 272. Derbe Arbeit. Die Anbetung der Hirten zwischen beiden Johannes. Oben ein hl. Eremit, der im Walde drei Besucher empfängt. Zu Füssen, zwischen dem knienden Stifter und dessen Wappen die Unterschrift (d. B): Hans Wiech def Rafths (sic) Alhie Zu Rottenburg am Neckher 1615.“

0,34 h., 0,27 br. Erhaltung gut; einige Risse.

Nr. 273. Plumpe Ausführung in Schmelzfarben mit sparsamer Anwendung von Ueberfanggläsern. Das Ganze, um das Mittelbild in eine Summe von viereckigen Feldern gegliedert, stellt eine breitspurige Allegorie des katholischen Glaubens vor. Die Unterschrift (d. B) lautet: „Her Marthinus Kartenhaufer Für, Bifchofflicher Coftanzifcher Generalis Commiffarius vnd pfarher zu Appenzell Chorher zu Bifchoffzell vnd deß Sant Gallifchen Landt Cappitelz Dechant. Anno 1615.“

0,462 h., 0,363 br. Erhaltung gut; einige Nothbleie und Risse.

Nr. 274. Derbe Prälatenscheibe. Farbloser Grund mit schwarzen Schnüren belebt. Im Mittelstück das écartelirte äbtische Wappen, zu beiden Seiten zweigeschossiger tabernakelförmiger Aufbau, in welchem links S. Johannes Evangelista und der hl. Bischof Martin und rechts SS. Jost und Benedictus stehen. Oben zu Seiten der krönenden Cartouche die Verkündigung. Unten zwischen den Jesus- und Mariazeichen die Inschrift (d. B): „Joannes Jodocus von Gottes Gnaden Abbte deß Wirdigen Gotzhuß Muri: 1616.“

0,353 h., 0,25 br. Verschiedene Bleie und Risse; sonst gut erhalten.

Nr. 275. Auf farblosem Grunde stehen der Mann als Musketier und die Hausfrau mit dem Willkomm. Oben die Parabel von dem Herrn, der seine Arbeiter belohnt. Unten Schild und Inschrift (d. B): Hanß Ludwig vo Langtfelnlacht Vrfla Vögtin fein Ehfrow 1617.“

0,31 h., 0,205 br. Erhaltung gut; einige Risschen.

Nr. 276. Rundscheibchen. Gelb und schwarz auf gelbem Grunde die Halbfigur der schmerzhaften Maria.

Durchmesser 0,087. Erhaltung gut.

Nr. 277. Buntes, sauber durchgeführtes Rundscheibchen. In gelber Glorie thront die Madonna zwischen musicirenden Engeln. Unten Wappen und Inschrift (d. B): F. Benedicta Kellerin 1617.“

Durchmesser 0,09. Ein Riss.

Nr. 278. Oben der englische Gruss, unten zwischen SS. Erasmus und Margaretha die Kreuzabnahme, die Schilde der Äbtissin und von Citeaux, neben Letzterem die betende Äbtissin. Zu Seiten der Unterschrift (d. B): „Frouw Margret Freyu Abttiffin deß Wirdigen Gottshauß Magenauw ANNO: 1618.“ Monogramm C𝕂·

0,30 h., 0,192 br. Defect; ein Stück des Mittelbildes fehlt.

Nr. 279. Das Mittelstück, von bunter Architektur umgeben, stellt die Himmelfahrt Mariae dar mit der Unterschrift (d. B): „Frouw Maria Küngin Meifterin des wirdigen Gotthüs Hermattfehwil. 1618.“ In den Seitenflügeln St. Benedict und der hl. Bischof Martin. In den 4 Ecken Scenen aus dem Leben der hl. Scholastica. Oben in der Mitte Christus als guter Hirte.

0,395 h., 0,195 br. Defect 1 Stück des Hauptbildes und der Ecke rechts fehlen.

Nr. 280. Die Wappen fehlen, zu Seiten ihrer Stelle stehen ein geharnischter Pannerträger und ein Helebardier in Festtracht. Oben Verkündigung. Unterschrift (d. B): „Die Statt Wyll. Anno Do. 1618.“

0,372 h., 0,32 br. Sehr defect.

Nr. 281. Auf weissem Grunde sind viereckig umrahmt in gleicher Anordnung drei Werdmüller'sche Allianzen, écartelirt mit Holzhalb, Grebel und Meister neben einander gestellt. Ueber dem Architrav zwischen Engelchen der Werdmüller'sche und ein unbekannter Schild. Unten zwischen den Personificationen der Justitia und Prudentia steht die Inschrift (d. B): „Beat Werdmüller vnd Fr. Barbara Holtzhalb fyn Eegemachl. Heinrich Werdmüller vnd Fr. Sufanna Grebel fyn Eegemachel. Hanns Geörg Werdmüller vnd Fr. Anna Meifterin fyn Egmachel 1619.“

0,338 h., 0,235 br. Verschiedene Risse; sonst gut erhalten.

Nr. 281a. Zürcher Aemterscheibe. Gewöhnlicher Typus aus dem XVII. Jahrhundert mit den Wappen der neuen Vogteien (d. B): „Winfelden, Sax, Pfyn.“ Das Mittelstück ist eine sorgfältig durchgeführte Monolithmalerei, die an die Praxis der Murer erinnert.

Durchmesser 0,318. Sehr gut erhalten; nur im Mittelstück etwas verblasst.

Nr. 282. Zwei Miniaturen in trüber Schmelzfarbentechnik. Links stürzt Einer kopfüber vom Baume und der Andere zur Rechten fällt zwischen zwei Bänke auf den Boden. Die Unterschriften (d. B) lauten: „Wer ich nicht also hoch gestiegen | Vnd wer bey meines gleichen bliben | Hett auch gefolget gutem raht | So fiel ich ietz nicht in das Kaath." | „Ich hatt mich gar vil vnderwunden | Auch Zweyen Herren dienen kunden | Durch gleissnery ond groz vürwitz | Ich zwüschend Zweyen stullen niedersitz."

0,18 h., 0,225 br. Erhaltung gut; Umrahmung modern.

Nr. 283. Rohe, gefühllose Arbeit mit trüben Schmelzfarben, die Taufe Christi darstellend. Am Fusse zwischen den Schilden die Inschrift (d. B): „Johannes Langerhardt zue Wyl vnd Anna Maria Müllerin fein Ehliche Hausfrow. 1621."

0,33 h., 0,208 br. Erhaltung gut; einige Nothbleie und Risse.

Nr. 384. Mittelstück: Herz Christi, hl. Geist und Gott Vater mit der Unterschrift (d. B): „Daß reine Hertz der Jüngfrawen Mariae." In den Seitenflügeln Johannes Evangelista und S. Appolonia. Oben St. Bernhard im Gebet. Am Fuss die Schilde des Klosters und der Äbtissin zwischen der Inschrift (d. B): „Fraw Maria von Gottes genaden Abbtiffin deß würdigen gottßhaus Würfpach 1622." Monogramm ℬ K

0,315 h., 0,20 br. Die obere Ecke links fehlt.

Nr. 285. Gewöhlicher Typus der späteren Zürcher Cabinetscheiben. In der Mitte einer in Perspective gezogenen Säulenarchitektur steht auf weissem Grunde das Bürklische Wappen, darüber die Parabel von den klugen und thörichten Jungfrauen, am Fusse die Inschrift (d. B): „Herr Hans Jacob Bürckli deß Raths Der Statt Zürich Alter Landtvogt Der Grafschafft Sargans vnd Herrschafft Loufften der Zyt Ihr Für: Gna: Zu Sant Gallen Houptmann im Namen der 4 Orten Loblicher Eidgnofchafft. Anno 1622."

0,426 h., 0,32 br. Gut erhalten; abgesehen von einigen Rissen und Nothbleien.

Nr. 286. In der Mitte auf Weiss das écartelirte Wappen des Stiftes und Abtes. Neben dem grünen Rundbogen die Verkündigung. In den zweigeschossigen Seitenflügeln links S. Johannes Evangelista und der hl. Bischof Martin, rechts SS. Jodocus und Benedict. Unterschrift (d. B): . . . . . . Gottes Gnaden . . . . . . Gotzhuß Muri 1623." (Abt Johan Jost Singeisen von Muri 1596 — 1644).

0,30 h., 0,192 br. Zwei Stücke fehlen.

Nr. 287. Das Hauptbild zeigt in wirksamer bunter Umrahmung ziemlich genau nach Fallenter's Scheibe in Rathausen wiederholt (cf. Geschichtsfreund Bd. 37, Taf. II) den Tod Mariä. Oben sind in gleicher Reihe die Schilde von Zürich, Luzern, Schwyz und Glarus angeordnet. Unten zwischen den von Ovalkränzen umschlossenen Wappen der Pfyffer und Göldlin die Inschrift (d. B): „H. Jacob Pfyffer des Ratts des Statt Lucern Fr. S. Gallen, Ratt vnd der 4. Ortter gewefner Hauptman in Will, vnd F. Sibila Göldin von diefnauw Sin Ehe, 1623."

0,41 h., 0,315 br. Ein Defect und einige Nothbleie, sonst gut erhalten.

Nr. 288. Rohe Bauernscheibe. Das Wappen auf weissem Grunde wird von einer plumpen, missverstandenen Architektur umrahmt, über welcher die Allegorien der Hoffnung und Gerechtigkeit stehen. Unten auf einer von Rollwerk umgebenen Tafel die Inschrift (d. B): „H. Caspar werly der Zit Landtuogt Zu Grünningen vnd Wippingen . 1623."

0,344 h., 0,213 br. Einige Risse, sonst gut erhalten.

Nr. 289. Kopfstücke fehlen. In bunter Architektur die Auferstehung Christi. Am Fuss das Abtswappen und die Inschrift (d. B): „Benedictus vö Gottes genaden Abbt vnd Herr zuo Engelberg 1625." Monogramm **SK** ⸱

0,41 h., 0,333 br.

Nr. 290 — 296 zu einem gemeinsamen Cyklus von Klosterscheiben gehörig.

Nr. 290. Auf Weiss in bunter Architektur Begrüssung Joachims und Annas. In der krönenden Cartouche S. Bernhard. Unterschrift (d. B): „Bernardus von got . . . . sehen Stuols Gnad . . . . . . | Gottshaus S. Gallen . . . . . " (Abt Bernhard Müller 1594—1630).

0,328 h., 0,245 br. Defect und stark verbleit.

Nr. 291. In bunter Architektur die Anbetung der Könige. Am Fuss das Abtswappen mit der Unterschrift (d. B): „. . . . . . Gottes Gnaden Abbte . . . . . Vrban 1626." (Ulrich V., Amstein, Abt von S. Vrban 1588—1627.)

0,326 h., 0,242 br. Die linke Hälfte der Inschrift fehlt.

Nr. 292. Hauptbild: in einer tiefen Pfeilerhalle steht Zacharias, der in Gegenwart der Madonna und hl. Anna das Christusknäblein küsst. In der Bekrönungscartouche die Halbfigur des Pilgers Jacobus. Am Fusse zu Seiten des écartelirten Abtwappens die Inschrift (d. B): „Jacobus von Gottes Gnaden Abbte des Gottshuß Creützlingen 1626."

0,335 h., 0,25 br. Einige Risse, sonst gut erhalten.

Nr. 293. In bunter Architektur die Auferstehung Christi. Am Fuss das Abtswappen und die Inschrift d. B): „Placidus Von Gottes Gnaden Abbte des Gottshaus Vischingen 1626." Ausführung mit trüben Schmelzfarben.

0,32 h., 0,25 br. Defect.

Nr. 294. In bunter Architektur die Himmelfahrt Christi. Unten der Klosterschild und die Inschrift (d. B): „Hugo (Bruno?) Sancti laurentÿ Cartlus Prior zü Ittingen . Ano 1626."

0,324 h., 0,244 br. Defect und vielfach verbleit.

Nr. 295. Himmelfahrt Mariæ. Am Fuss das Wappen und die Unterschrift (d. B): „J. Margretha Vrfel vnd Maria Vrfel von Beÿern Gefchwiftregi Anno Domi 1626."

0,317 h., 0,245 br. Defect. Ein Stück rechts und die Umrahmung auf derselben Seite fehlen.

Nr. 296. Auf weissem Grunde die Krönung Mariæ. Bunte in die Perspective gezogene Architektur. Vor der Unterschrift. . . . . F. RVODOLPHVS GVGGENBVEL CONVENTVALIS MARISSTELLE CONFESSARIVS VALLIS LILIORVM IN TENNIKHON . 1626" steht in einem Ovalkranz der von einem Engelchen gehaltene Schild.

0,32 h., 0,25 br. Defect.

Nr. 297. Farbloser Grund mit schwarzen Schnüren; schwere Pfeiler. SS. Leodegar und Mauritius (dessen Schild durch ein Flickstück ersetzt) stehen zu Seiten des aufrechten Schildes von Luzern, über welchem das gekrönte Reichswappen. Unten die Inschrift (d. B): „Die Statt Lucern 1626." Ausführung sehr roh.

0,322 h., 0,342 br. Einige Nothbleie und verschiedene Flickstücke, sonst gut erhalten.

Nr. 298. Gegenstück zu Nr. 297. Auf farblosem Grunde steht aufrecht der alte Unterwaldner Schild von dem gekrönten Reichswappen übernagt, zwischen SS. Petrus und Niklaus von der Flüe. Ohne Schrift.

0,29 h., 0,34 br. Einige Sprünge. Fussstück fehlt, sonst gut erhalten.

Nr. 299. Pendant zu Nr. 297 und 298. Zugerschild und Reichswappen zwischen SS. Michael und Oswald. Fussstück mit Inschrift fehlt. Vor den Säulen in grünen Cartouchen die Chiffern I H S und M R.

0,298 h., 0,34 br. Erhaltung gut; einige Risse und Nothbleie.

Nr. 300. Feinste Monolith-Miniature. Rechts (d. B): „Hans Casper Escher Burger der Statt Zürich, Fr. Dorothea Rahnin Syn Ehgmahel 1628“, **ʜʀ**, links: „Ach, wie veil muß ein Chrift aufstehn | So durch wüsf meer der welt sol gehn — Ancker dein Hoffnung an gotts wort — So kommestu glücklich zu Port.“ Links und rechts von ovalen Kränzen auf weissem Grunde umrahmt die Wappen der Glas-Escher und Rahn, den Rest der Scheibe nimmt eine ausführliche allegorische Darstellung ein. Düstere Wolken ziehen am Horizonte dahin, am Strande des brausenden Meeres sitzt die Liebe, die ein Kreuz umklammert, gegenüber wirft ein bedrohtes Schiff den Anker nach der am Ufer gelegenen Bibel aus. Abgebildet in den „Meisterwerken der schweizer. Glasmalerei“, herausgegeben von dem historisch-antiquarischen Verein in Winterthur.

0,20 h., 0,255 br. Stark beschädigt.

Nr. 301. Auf weissem Grunde die Halbfigur Christi, in der Linken hält er eine Waage, mit der Rechten greift er in eine Büchse voller Kreuze; sie ist mit „Crützwurtz“ bezeichnet. Andere Apothekerbüchsen stehen zur Seite, mit den Aufschriften: „lieb; beftendigkeit; geduld; hoffnung; Barmhertzigkeit; glaub; leben; genad; troft; gerechtigkeit; warheit; pru.“ Links neben Christus enthält eine Cartouche das Wappen des Mannes, unter welchem die Schilde der beiden Gattinnen. Darunter die Inschrift (d. B): „Michæl Wellz, Maria Zündlinfee, fein Erfte Eff vnd Suffanna Federlini fein andere Ehefi 1630.“ Darüber Monogramm **M.W. SA⁊°ℑₐₖ**. Rechts neben Christus steht auf dem halbrunden Spruchband: „Kompt Kaufft Ohne gelt Vnnd Vmb Sonft, Esaie Am 55. Ca. Kompt hero Züo mier alle die Ir müefellig Vnd beladen feit, Ich will eüch erquickhen, Matte Am 11. Cap.“ Die Umrahmung bildet ein Blattkranz, dessen unteres Viertel die Inschrift: „Wer glaubt verthrauwt vnd hofft in mich, Des Rechten warer artzet bin ich“, einnimmt. Derbe Ausführung in Schmelzfarben.

Durchmesser 0,198. Gut erhaltene Rundscheibe.

Nr. 302. Bunte in die Perspective gezogene Säulen- und Pfeilerarchitektur. Durch die offene Tonne sieht man oben die Beschiessung einer Stadt. Die Mitte nimmt auf Weiss das écartelirte Wappen mit zwei Helmen ein; darunter eine Cartouche mit der Inschrift (d. B): „Hauptman Jofabe Jegglin Zü Küfnacht vnd Fr. Anna Wißerin fyn Ehegemahel . 1630.“ Gegenstück zu Nr. 303 und 304.

0,31 h., 0,20 br. Einige Risse und Rost, sonst gut erhalten.

Nr. 303. Unterschrift (d. B): „Hr. Heinrich Bräm Der Zitt Burger Meifter Der Statt Zürich 1630.“ Eine bunte, in Perspective gezogene Halle von Säulen und Pfeilern umrahmt auf weissem Grunde das Wappen. Darüber in der Tiefe des offenen Tonnengewölbes das Urtheil Salomonis. Gegenstück zu Nr. 302 und 304.

0,306 h., 0,203 br. Erhaltung gut; zwei Risschen.

Nr. 304. Gegenstück zu Nr. 302 und 303. Oben zwei Männer die einen frischgepflanzten

28

Baum pflegen. Ecartelirtes Wappen auf Weiss. Darunter die Inschrift (d. B): „Hans Cůnradt Wißer Zu Bäncken Bürger Zürich vnd Fr. Catharina Bänckerin Syn Ehgemahel . 1630.“

0,306 h., 0,20 br. Etwas rostig, sonst gut erhalten.

Nr. 305. Das Wappen wird auf farblosem Grunde von bunter in die Perspective gezogener Architektur umrahmt. Unterschrift (d. B): „Hans Berger des Raths der Statt Zürich, Ober Vogt der Herrschafft Wynfelden, vnd Haubtman deffelbigen Quartiers. . Anno 1630.“ Das einzige Sockelstück stellt Marcus Curtius vor.

0,327 h., 0,251 br. Kleinere Stücke fehlen.

Nr. 306. Unterschrift (d. B): „Ulrich Signer Landfchryber der Vfferen Roden deß Landts Appen Zäll. vnd F. Anna Schmidin fyn Ehgemahel 1631.“ Zu Seiten dieser Cartouche umrahmen zwei Ovalkränze die Wappen der Stifter. Das Hauptbild stellt in weiter Landschaft die Personification „Regel deß Menfchlichen Läbens“ dar. Darüber in einer Cartouche im Scheitel der Pfeilerarcade „O Menfch fürchtf Gott nach fym gefatz — Den menfchen Lieb in nit ver laß — Biß Fürsichtig in Glaubens fachen — Das überig, wird Gott wol machen.“

0,29 h., 0,205 br. Erhaltung gut; einige Risse.

Nr. 307. Das Hauptstück im Style Murers, stellt eine reiche Landschaft dar, in welcher zwei Störche auf Fröschen pürschen. Die Erklärung oben lautet (d. B): „Wer gfreyet ift vnd nit verstadt | was im dardůrch guts wiederfart | der felb den Fröschen gleicht fich | die bherfchet werden Ewicklich.“ Unten zu Seiten des Wappens: „Hauptman Jakob Schwendiman gewefener Siechen Pfläger Zu Trogen vnd deß Raths Im Vfferen Roden, deß Landts Appen Zell Anno 1631.“

0,287 h., 0,197 br. Einige Risse und Nothbleie, sonst gut erhalten.

Nr. 308. Das Hauptstück stellt, über dem Teufel und einem Todtengerippe stehend, eine geflügelte Frauengestalt dar. Sie umfasst das Kreuz und hält in der Rechten über dem Altar eine brennende Kerze, in der Linken eine Waage und eine Presse, unter welcher ein Herz. Die Inschrift im Scheitel lautet (d. B): „Von Gott min krafft vnd glaft alein | Vff warem gloůb vnd läben rein | Durch demüt tritt dwält tod vnd hell | Verächt all glichners feckt vnd fel.“ Unten zwischen den Wappen die Inschrift: „Hans Tanner Landts Haůptman vnd deß Raths Inn Vßeren Roden defs Lants Appen Zäll . vnd Fr: Lifsabetha Schüßin fyn Ehgemahel 1631.“

0,29 h., 0,20 br. Erhaltung gut; etwas rostig; ein Riss durch das Wappen rechts.

Nr. 309. Gegenstück zu Nr. 308. Farbe und Charakter der Zeichnung erinnern an die Weise der Murer. Das Mittelstück enthält zwischen der bunten, in die Perspective gezogenen Architektur, eine allegorische Darstellung. Oben auf Wolken steht eine gekrönte nackte weibliche Figur mit brennender Kerze und offenem als „VERBVM DEI“ bezeichnetem Buch. „TEMPVS“ in der Gestalt des Saturn fasst ihre Linke. Unten geht der Sturm gegen das Verbum Dei. Rechts zwei Kanonen: „PRODITIO“ und „VIOLENTIA“, in der Mitte kniet ein Weib mit offenem Buch, das als „TRADITIO“ bezeichnet ist; links drei Männer, „SVPERSTIT“ mit dem Blasebalg, „PERSEQVTION“ mit Schwert, und Andere, die mit Gewehr und Lanze nach oben kämpfen. Eine Cartouche über dem Scheitel erklärt die Scene: „Sich wies dem Liecht vnd warheit gad | Wie fy ver folgt wird vnd ver Jagt | Doch kompt die Zyt Hebt fy an Tag | darwider Kein gwalt nichts vermag | Dan aller gwalt vnd macht der Erden | Müßend darob Zů fchanden werden.“ Unten zwischen Ovalkränzen mit Wappen die Inschrift: „Anthony Kun von Rynegg Landts Fenderich Im vnderen Rynthal . vnd F. Barbara Schüßin fyn Ehgemahel . 1631.“

0,29 h., 0,20 br. Erhaltung gut; etwas Rost.

Nr. 310. Typus einer Zürcher Wappenscheibe im Style der Murer. Auf farblosem Grunde entwickelt sich eine durchsichtige tief in die Perspective gezogene Säulen- und Pfeilerarchitektur. Sie umrahmt das Wappen der Escher vom Luchs. Die Sauhatze oben rechts gehört nicht zu dem Originalentwurfe. Unter dem Wappen enthält eine von Rollwerk umgebene Tafel die Inschrift (d. B): „Johan Escher deß Raths Oberster Über der Statt Zürich Feñdli, Landt Vogt deß Oberen vnd Nideren Thürgöuws . 1631.“

0,333 h., 0.248 br. Leidlich erhalten; ein Stücklein fehlt; ausserdem verschiedene Nothbleie und Risse.

Nr. 311. Rundscheibchen, Monolithmalerei. Pendant zu den folgenden vier Nummern. Auf farblosem Grunde steht vor einer fernen Landschaft das mit leichten Schmelzfarben gemalte Wappen, umgeben von einer bunten Pfeilerarchitektur. Die Umschrift (d. B) lautet: „Andreas Kunckler des Rahts der Statt St. Gallen . Obervogt der Herrschafft Bürglen vnd Hauptman difs Amerfchwilischen Quartiers im Thürgeuw 1635.“

Durchmesser 0,148. Tadellos erhalten.

Nr. 312. Pendant zu Nr. 311, 313—315. Die Umrahmung bildet auf weissem Bande die Inschrift (d. B): „Andreas Künckler des Raths gewesner Vogt der Herrschafft Bürglen Aᵒ 1634 und difer Zeitt, Meister, Spittale des H. Geistes in Sᵗ Gallen Aᵒ 1640.“

Durchmesser 0,145. Tadellos erhalten.

Nr. 313. Pendant zu Nr. 311, 312, 314 und 315. Umschrift (d. B): „Fr. Magtalena Kuncklerin eine geborne Appen Zellerin, Sce: sein Erster Ehgmahel.“

Durchmesser 0,142. Ein Riss.

Nr. 314. Pendant zu Nr. 311—313 und 315. Im oberen Halbzirkel die Inschrift (d. B): „Fr. Vrsula Kuncklerin ein geborne Kroĩin, Scc.: sein anderer Ehgmahel.“

Durchmesser 0,142. Vorzüglich erhalten.

Nr. 315. Gegenstück zu Nr. 311—314. Den oberen Halbzirkel bildet auf Weiss die Inschrift (d. B): „Fr. Johaña Elifabetha Kuncklerin, ein geborne Dünanin sein dritter Ehgmahel.“ Unten ein halber Blattkranz.

Durchmesser 0,143. Tadellos erhalten.

Nr. 316. „Valentin Bösch im Müssli. Fr. Barbara Loserin sein Ehgmahel Anno 1637.“ Zu Seiten der Cartouche die Wappen des Stifters und seiner Frau. Im Mittelstück die Fabel vom Gastmahl des Fuchses und des Storchs nach Murers Emblemata. In den Seitenflügeln weibliche Allegorien. Ueber dem Scheitel des Mittelbogens eine Cartouche mit der Inschrift: „Der argen Welt ard ist durchauss | Schalkheit mit schalkheit zrichten auss | Esopus ein welt weiser man | Beim fuchs vnd storck es bildet an | Jeder dem andren gastung halt | Sein lohn mit barer müntz bezahlt.“

0,353 h., 0,283 br. Erhaltung tadellos.

Nr. 317. Einer flachbogigen Säulenarchitektur sind auf allen vier Seiten Ovalkränze mit Wappen vorgesetzt. Unten die Inschrift (d. B): „Ein Ehrsam Statt Gricht der Statt Winterthur 1638.“ In der Mitte eine allegorische Darstellung. In gleicher Weise sind wie bei Nr. 318 die folgenden Wappenschilde mit den Namen ihrer Inhaber angeordnet: „Herr Chriftoph Eglo War deß Grichts Año 1611. Vnd by neüwer beftellung eines Ehrfamen Stattgrichts Obrifter Richter . Año 1638; H. Jacob Sultzer deß Grichts Seckelmeister; H. Jacob Forrer; H. Felix Eglin; H. Chriftoph Beüfchel; H. Heinrich Hegner Zur Harpffen; H. Jacob Küntzlin Statt-Fendrich; H. Hans Vlrich

Sultzer, ander Statt-Fendrich; H. Hanß Steiner, Zügherr; H. Heinrich Hoffman; H. Hans Cafpar Erhart; H. Hans Heinrich Hegner; H. Jacob Bidermann Grichtfchryber.«

0,40 h., 0,333 br. Einige Nothbleie, sonst gut erhalten.

Nr. 318. Am Fuss des Mittelstückes die Inschrift (d. B): „Ein Lobliche gselfchafft der Musicanten Zu Winterthur, Aõo 1658.« Das Mittelstück stellt den psalmirenden David vor. Die Umrahmung besteht aus einer rundbogigen Pfeilerarcade mit vorgesetzten korinthisirenden Säulen. Sie wird im Viereck umgeben von 16 ovalen Medaillons, welche, mit Namen bezeichnet, auf weissem Grunde die behelmten Wappen folgender Gesellschafter enthält: „Hans Georg Geßner Diacon eines Ehrw. Winterthurer Capitels; Jacob Hegner Stattfchryber Zů Winterthur vnd Landtfchryber der Graffchafft Kÿburg; Hans Heinrich Meier Predicant; Hans Vlrich Hegner Pfarer Zů Wülflingen; Hans Heinrich Reinhart Kilchen vnd Schuldiener; Johan Hegner diener des worts; Conrad Schellenberg. Rittmeifter; Hans Vlrich Hoffman der Zÿt Schützenmeifter; Haüs Růdolff Wÿnnian Profisor; Joachim Hetlinger Schuldiener; Vlrich Hegner Statt-Lütinant; Johañ Georg Küntzli; Salomon Hegner; Jacob Steiner tuchman; Abraham Forer, Gastgëb Zum Wildenman; Abraham Steiner.« Saubere für die Spätzeit sehr brave Durchführung.

0,443 h., 0,34 br. Erhaltung gut; einige Verbleiungen.

Nr. 319. Am Fusse der Scheibe enthält eine Cartouche die Inschrift: VRBANVS VIII SANCTAE ROMANAE ECCLEISIAE PONTIFEX MAXIMVS; ANTE MAFFAEVS BARBARINVS DICTVS. AÑO DÑI MDCXXXVIII. Links der knieende Papst, rechts sein Wappen. Eine in Perspective gezogene Säulenarchitektur umrahmt die Mitte, wo Joachims Opfer vom Altare zurückgewiesen wird. In den Seitenflügeln stehen SS. Peter und Paul. In den oberen Zwickeln zwei Genesisbilder. Monogramm ![Monogramm] Ueber dem Bilde die Inschrift: SVNT HÆC FÆCVNDIS EXTRUCTA ALTARIA DONIS I FVGE NÈQVICQVAM THALAMOS INGRESSE IVGALES.

0,39 h., 0,31 br. Mehrere Risse, sonst gut erhalten.

Nr. 320. Gegenstück zu Nr. 319. Zu Seiten der Inschrift: RANVCIVS COMES SCOTTVS PLACENTINVS DEI ET APOS SEDIS GRATIA EPISCOPUS BURGI S. DOMINICI AD HELVETIOS LEGATVS. AÑO DÑO, M, DCXXXVIII. der Stifter und sein Wappen. Mittelbild: der Engel verkündet dem Joachim die Geburt Mariæ; in den Seitenflügeln SS. Andreas und Jukobus Major. Oben der Sündenfall und die Vertreibung aus dem Paradiese. Monogramm ![Monogramm] Ueber dem Bilde die Inschrift (lat. Cursiv): „NE TIBI FINGE METVS, LONGEVO NATA PARENTI IAM VENIET DIGNATO DEO JOACHIME SVPREMO.«

0,393 h., 0,312 br. Erhaltung gut; einige Risse.

Nr. 321. Bauernscheibe. Auf farblosem Grunde stehen der Mann als Musketier und die Frau mit dem Willkomm. Das Kopfstück stellt eine Müllerscene dar. Am Fusse zwischen den Schilden die Inschrift (d. B): „Chrifta Altther ffon Jligeküfdobel Weiiler vnd Aurerl Bengern sein Ehfrow Ano 1639.«

0,305 h., 0,205 br. Einige Risse, sonst gut erhalten.

Nr. 322. Eine dreifache bunte Pfeilerarchitektur umrahmt auf weissem Grunde die beiden

Wappen. Oben Sauls Bekehrung; unten (d. B): „Meichael Speng vnnd Anna Marcia ffögelein, fein Ehfrow. Anno 1639."

0,217 h., 0,20 br. Erhaltung gut; einige Risse.

Nr. 323. Muthmasslich nur Kopfstück einer aus dem XVII Jahrhundert stammenden Scheibe. Tells Schuss und Tells Sprung. Geringe Ausführung in Schmelzfarben. Oben: „Do demüoth wainth vnd hochmüot Lacht, Ward der schwitzerbündt gemacht." Unten: „Glückh hat Neidt. Neidt hat glückh. Niemandt ist, dem nit gebrist."

0,11 h., 0,205 br. Einige Risse, sonst gut erhalten.

Nr. 324. Auf weissem Grunde von gelben Bögen auf rothen Säulen umrahmt sind die Wappen der zürcherischen Familien Hirzel, Ulrich, Haab, Hofmeister, Escher vom Luchs, Edlibach, Wellenherg und Keller vom Steinbok angeordnet.

0,175 h., 0,33 br. Erhaltung gut; ein Sprung.

Nr. 325. Gegenstück zu Nr. 324. Auf farblosem Grunde von viereckigen Säulencompartimenten umschlossen, die gleichmässig durchgeführten Wappen der Zürcher Familien: Bodmer, Wolf, Fries, Meier (Rose), Escher vom Luchs, Thomann und Leu.

0,18 h., 0,35 br. Tadellos erhalten.

Nr. 326. Bunte Schmelzfarbenarchitektur umrahmt das Bischöfl. Wappen. Neben dem krönenden Rundbogen sind zwei Wappen angeordnet. Ebenso nuten neben der Cartouche mit der Inschrift (d. B): „Johann von Gottes gnaden Bifchoff zu Coftantz Herr der Reichenaw Denckhendorff vnd Öhningen Annō 1640."

0,318 h., 0.20 br. Zwei Risse, sonst gut erhalten.

Nr. 327. Derbe Arbeit. Das Seitenstück, das vermuthlich das Wappen der Stadt Zürich enthielt, fehlt. Säulen und ein in der Mitte rundbogig überhöhter Architrav umschliessen den weissen Grund, der mit Schnüren und gelben Festons belebt ist. Davor die drei Schutzheiligen Zürichs. Die Bildchen in den Eckzwickeln stellen die Begrüssung Joachims und der hl. Anna vor. Eine Cartouche am Fusse enthält die Inschrift (d. B): „Die Statt"

0,395 h., 0,292 br. Erhaltung gut; einige Bleie und Risse.

Nr. 328. Auf weissem Grund, der von einer in die Perspective gezogenen Pfeilerarchitektur umrahmt wird, steht das Wappen. Oben eine Sauhatze; unten (d. B): „Frank Rau(:c:)el Von Vllm Anno 1642."

0,295 h., 0,197 br. Erhaltung mittelmässig; Rost.

Nr. 329. Das Hauptbild stellt einen thronenden Richter dar: auf dem Tische vor ihm ein aufgeschlagenes Buch als „Verbum Dei" bezeichnet. Zu Seiten die allegorischen Gestalten der Justitia und Caritas. Oben die Inschrift (d. B): „Der Richter der fol albereydt | Vor augen han die gerechtigkeit | Vnd auch auff d'liebe fein gericht | Will er in feinem ampt fehlen nicht | Dar nebent fol er vben fich | Ju Gottes wort fleifigklich | Vnd aufs demfelben nemen s'recht | Auff das er bleibe Gottes knecht." Unten zwischen den Wappen: „Cunradt Zellweger Alt Landt Amañ ond Johañes Danner, Alt Landt Amañ, des Landts Appenzel der vfsere Roden" 1642.

0,296 h., 0,187 br. Erhaltung gut; einige Nothbleie.

Nr. 330. Flaue Schmelzfarbentechnik. Das Mittelbild stellt in einem Säulenbau den geprüften Hiob dar. Im Giebel die Inschrift: „Der Herr hats geben, der Herr hats wider gnomen, der nam des Herren sey globt in Eewigkeit . IOB AM . I . CAP. ." Unten zu Seiten der von einem Blattkranz umrahmten Wappen die Inschrift (d. B): „Hans Caſper Ehrhartt Burger Vnd Deß Statt Grichts Zu Winterthur Vnd Fr. Elübetha Wipff. fein Ehgemahel. ANNO 1642.“ Monogramm ～～～.

31 h., 20 br. Erhaltung gut; einige alte Flickstücke.

Nr. 331. In der Mitte knien zwischen Säulen und der Ueberschrift: „SIT NOMEN DOMINI BENEDICTVM.“ drei Jesuitenpatres. Die obere Hälfte zeigt in Wolken um die Glorie IHS SS. Jost, Caspar und Egidius. Am Fusse Ovalkränze mit Wappen, dazwischen die Inschrift: „Hæc est Vera Fraternitas P. CASPARVS P. IODOCVS ET M. AEGIDIVS BACHMAN SOCIETATIS IESV FRATRES GERMANI P.M.D.C.XLII.“

0,337 h., 0,252 br. Erhaltung gut; einige Bleie.

Nr. 332. Zürcherische Cabinetsscheibe im Murer'schen Style. Säulen und Pfeiler sind durch einen Rundbogen verbunden, von welchem auf farblosem Grunde ein Bouquet herunterhängt. Ecartelirtes Wappen der Grebel und Holzhalb. Unten eine Rollwerktafel mit Inschrift (d. B): „Hans Vlrich Grebel der Zÿth Ober Vogt der Herrſchafft Louffen vnd Fr. Elübetha Holtzhalbin ſÿn Ehegemahel. Anno 1642.“

0,30 h., 0,20 br. Erhaltung mangelhaft; Flickstücke, Nothbleie, Risse und Defecte.

Nr. 333. Pendant zu der vorigen Nummer. Ecartelirtes Allianzwappen der Waldkirch und Peyer (: Weggen :) auf farblosem Grunde in bunter Säulenarchitektur. Unten die Inschrift (d. B): „Ruegert Von Waldkilch Fürſch. Biſchofflicher Constantziſcher Aniptman Zu Schaffhauſen , vnd Grichts-Herr Jm A.ʳpt Vwißen . vnd Fr. Sabina Von Waldkilch . geborne Peÿerin fyn Ehegemahel 1642.“

0,30 h., 0,20 br. Nothbleie und verschiedene Risse; sonst gut erhalten.

Nr. 334. Von einem farblosen Grunde hebt sich eine durchsichtige Pfeilerarchitektur ab, in deren Mitte das écartelirte Wappen (1 Citeaux, 2 Rapperswil, 3 Abt, 4 Wettingen) steht. Vor den seitlichen Säulen: links die Madonna, rechts der S. Bernhard von Clairveaux. Ueber dem Architrav die kleinen Figuren des hl. Nicolaus von Myra und des sel. Nicolaus von der Flue. Unten zwischen Engeln, die mit Palmen vor den Postamenten stehen, enthält eine von Rollwerk umgebene Tafel die Inschrift (d. B.): „Nicolaus von Gottes Gnaden Abte des Wirdigen Gotthus Wettingen. Anno 1644.“

0,412 h., 0,33 br. Einige Risse und Nothbleie; sonst gut erhalten.

Nr. 335. Das Hauptbild zeigt den Fernblick auf eine reiche Flusslandschaft, im Vordergrund steht der hl. Bernhardus, der das Kreuz und die Passionsinstrumente umfasst. Zu Füssen, von einem rothen Ovalkranze umschlossen und von Engeln gehalten, steht das Wappen des Stifters mit der Devise „SECRETA MEA MIHI“ und dem Monogramme. Das Kopfstück zeigt die Ansicht einer Stadt (nicht Beromünster); in den vier Ecken, umschlossen von Ovalkränzen, sind auf blauem Grunde emblematische Darstellungen angebracht und durch die Inschriften: „ABSTRVSA REVELAT“; „SIBI CREDITA CONDIT“; „FIDE SED CVI VIDE“; ÆQVM VIOLENTIA FRANGIT“ erklärt. Unter dem Wappen des Stifters die Inschrift: „ANDREAS KELLER S. S. THEOL : D. CANONICUS BERONENSIS 1645.“ Monogramm *HG*

0,385 h., 0,25 br. Erhaltung gut; einige Risse und Flickstücke.

Nr. 336. Unterschrift (d. B): „Jacob Studer, Burger Zu Wintterthur, vnd Glaffer Des Gotts Hauffes, vnd Crützgangs zu Ittingen.“ Typus der späteren Cabinetscheiben. Ueber der Schrifttafel zu Füssen der in Perspective gezogenen Säulenhalle die Personificationen der Gerechtigkeit und Vorsicht. In der Mitte Jacobs Traum. Darüber die Inschrift: „Gott ist gerächt führfichtig allein | Erfcheindt fich hie, an dem Jacob fein | Dan was im zu gsagt, wahr im Schlaff | Was im gehalten vest Hernach. GENESIS AM 28 CAPITEL.“ Monogramm *Hi lufy.*

0,41 h., 0,315 br. Einige Risse und Nothbleie; sonst gut erhalten.

Nr. 337. Unterschrift (d. B): „Hans Heinrich Böfch, der Zyt Aman im Thurthal Anno 1646.“ Darüber die Inschrift: „Zyt ift ein gut ob allen dingen | die Zyt kan niemand wider bringen, | die Zyt brucht recht ein Wyfer man | wol dem der Zyt recht bruchen kan.“ Das Mittelstück zeigt in weiter Seelandschaft, auf einer Kugel über dem Wasser schwebend, die weibliche Personification „Die Zytt“. In der Linken hält sie einen Pfeil, in der Rechten ein Messer, auf dem Kopfe steht eine geflügelte Sanduhr.

0,303 h., 0,195 br. Ein Riss durch das Mittelstück; sonst gut erhalten.

Nr. 338. Durch eine bunte, in die Perspective gezogene Architektur blickt man auf einen Altan, auf welchem ein Alter, neben dem Zinsbuch über den Tisch gebeugt, seine Schätze mustert. Ueber ihm steht die Inschrift (d. B): „Guott On muott.“ Von Rechts tritt ihm in zerlumpter Kleidung ein Mann mit erhobenem Kelch entgegen; ein Schriftband über ihm enthält die Worte: „Muott On gutt.“ Ein drittes Band: Daillent Gleich, fo Sind ir Beid Reich“ wird von einem über Beiden stehenden Engel gehalten. Das Kopfstück, eine Cartouche, enthält die Reime: „Vil . hab . Vnd . guot . ein . Fröliches . gemöött . | Sind . gaben . Gottes . ders . Recht . hebt . und . Brucht . mit . Rechter . Befcheidenheit , | Damit . der . arm . auch . werde . gefreüwt.“ Unten die Inschrift: „Christian Neff . Zum waffer alter Seckheleifter vnd Sara neffin gebör Dürleri fin Eliche huffrauw. Anno 1646“ zwischen zwei Ovalkränzen, welche auf Weiss die behelmten Wappen umschliessen. Derbe, bäurische Ausführung.

0,31 h., 0,125 br. Abgesehen von einem Risse durch Wappen links gut erhalten.

Nr. 339. Das Hauptbild, in bunter Architektur, zeigt Susanna im Bade. Zu Seiten, über dem krönenden Flachbogen, zwei musizirende Engel. Unten von einem Engel gehalten der Schild und die Inschrift (d. B): „Melche Boltt v. Sufaña Stortzennegerÿ fin Eliche hüffrauw. Anno 1647.“ Derbe Arbeit.

0,31 h., 0,196 br. Erhaltung tadellos.

Nr. 340. Bunte durchsichtige Architektur in dreitheiliger Anordnung. In der Mitte, von dem gekrönten Reichswappen überragt, die Standesschilde von Solothurn. In den Seitenflügeln stehen St. Ursus und ein Apostel mit Säge (S. Simon) auf farblosem Grunde. Unten enthält zwischen den sitzenden Personificationen der Vorsicht und Gerechtigkeit eine mit Engeln besetzte Cartouche die Inschrift (d. B): „Die Löpliche Statt Solenthurn Anno 1649.“ *W.S*

0,555 h., 0,462 br. Erhaltung gut; einige Risse.

Nr. 341. Bunte, sehr fein durchgeführte Rundscheibe, die Madonna darstellend, welche mit dem Kinde in einer Glorie steht. Ueber der Unterschrift (d. B): „Hanf Gilg Reiman der zeit Des gottshuf Muri vnderkeller 1651 Jars“ halten zwei winzige Engelchen ein Schildchen mit dem gleichen Wappen.

Durchmesser 0,092. Erhaltung tadellos.

Nr. 342. Rundscheibchen. Auf weissem Grunde, grün, gelb und blau gemalt, die Halbfigur Johannes des Evangelisten.

Durchmesser 0,085. Erhaltung tadellos.

Nr. 343. Rundscheibe. Frische und flotte Ansführung in Schmelzfarben. Das monolithe Hauptbild stellt in eigenartiger Auffassung die Anbetung der hl. 3 Könige dar. Unten der von einer Cartouche umschlossene Wappenschild. Rollwerk und zwei Inschriften bilden die Umrahmung. Oben: „Et procidentes adorauerunt eum, Matth. 2.“ — Unten zu beiden Seiten des Wappens (d. B): „H. Casper Fenturi Chor-Her des Löblichen Stifts S. Leodigary Zu Lucernn vf dem Hoff Aō 1651.“

Durchmesser 0,20. Tadellos erhalten.

Nr. 344. Rohe, bunte Arbeit. Zu Seiten der Landschaft, welche die Mitte des Kopfstückes einnimmt, zwei Engelchen mit der Umschrift (d. B): „Allein vff Gott“ und „Myn hoffnung ftat“. Eine in die Perspective gezogene Architektur umrahmt das Wappen in der Mitte. Oben die Inschrift (d. B): „Vns Engel in dem Himmelreich | wunderet das ihr menfchen off erdrich | Büwendt so vill fchlöserr vnnd Stett | vnd find doch nur vff erden geft, | vnd da ihr foltend ehwig fein | So Buwendt Jhr gar wenig Hin.“ In den Seitenflügeln Patientia und Spes. Neben der Inschrifttafel die Gestalten der Liebe und Hoffnung, dazwischen (d. B): „Herr Lorentz Künckler des grichts . vnnd Burger der Statt St. Gallen, Würt vnnd Gaftgeb . Zum Wÿßen Rößli, Franw Magdalena Choblerÿ . Sein Ehliche Huffrauw Anno 1652.“

0,337 h., 0,24 br. Einige Nothbleie und zwei Flickstücke; sonst gut erhalten.

Nr. 345. Bunte Architektur umrahmt auf farblosem Grunde, der mit schwarzen Schnüren belebt ist, die beiden Wappen. Ueber der Mittelsäule wiegt ein Mann in der Kammer sein Kind; das Seitenstück zeigt die Beschiessung einer Stadt. Unter beiden Darstellungen steht geschrieben (d. B): „Kriegen oder Wiegen.“ Unterschrift (d. B): „Hanß Jörg fpiefer genandt Zwinckher Burger vnd des Grichts Zu Bifchoffzell vnd frow Barbara Gröbin Sein Ehegemahell 1653.“ Derbe Ausführung.

0,304 h., 0,20 br. Erhaltung gut ; einige Risse.

Nr. 346. Rauhe Ausführung mit trüben Schmelzfarben. Das Mittelstück, ein Monolith, stellt von bunter, derber Architektur umrahmt, den Prospect des Klosters Wettingen dar. Zu Seiten SS. Marianus und Getulius; oben die Madonna in einer Wolkenglorie. Zwei Engelchen, welche auf dem Gebälke sitzen, halten die Inful und das Wappen des Abtes. Unten sind die Schilde des Klosters und des Abtes mit Pedum und Inful von einem ovalen Blattkranze umschlossen. Zu Seiten steht (latein cursiv): F. Bernard Dei et Apostolicce sedis gratia Abbas Maristellæ uulgo Wettingen. Anno 1654.“

0,312 h., 0,197 br. Einige Risse.

Nr. 347. Runde Monolithscheibe. In einer wilden Glorie erlegt St. Michael den Drachen. In der Landschaft stehen zu Seiten die Stifter und seine Frau, die ihm den Wilkomm bringt. Zu beiden Seiten des Schildes die Unterschrift (d. B): „Michaell Himelberger Wonhaft Jn der Langen Gaffen Vnd Maria Gruoben Menin fein Ehffrauw. 1655.“ Die Ausführung mit trüben Schmelzfarben weist auf das Atelier der Müller in Zug.

Durchmesser 0,153. Mehrere Risse.

Nr. 348. Auf weissem Grunde steht links der geharnischte Pannerträger. Rechts der aufrechte Schild von Appenzell, von dem gekrönten Reichswappen überragt. Ueber dem blauen Architrave, der von toscanischen Säulen getragen wird, ist ein Speergefecht zwischen Reisigen zu Fuss gemalt. Unten enthält eine breite Ovalcartouche die Inschrift (d. B): „Das Catholifche

Landt Appenzell Anno 1656.« Bäuerische Ausführung in schmutzigen Schmelzfarben. Das Mittelstück ist grössten Theils Monolith.

0.325 h., 0.203 br. Erhaltung gut; einige Risse.

Nr. 349. Vor einer bunten Säulenarchitektur mit farblosen Durchblicken stehen die beiden Wappen. Oben St. Georg, unten die Inschrift (d. B): „Georg Spindler Burger Zu St. . Gallen vnd Fr. Clara Studerin von vnd Zu Rebftein fein Ehegmahel, 1657.«

0.29 h., 0.206 br. Mehrere Risse, sonst gut erhalten.

Nr. 350. In dreitheiliger Architektur sind auf Weiss die Wappen Zollikofer, Fels, Studer und Hochreutiner kreuzweise übereinander geordnet. Unten die Inschrift (d. B): „Cornelius Zollicoffer von vnd Zu Altenklingen burger Zu St. Gallen ● Fr. Madthalena Felfin fein erfte, Fr. Elifabetha Studerin von vnd Zu Rebftein fein ander, Frau Aña Hochreñtener fein driten Ehegemahel 1657.«

0.29 h., 0.20 br. Erhaltung gut; einige Nothbleie und ein Flickstück.

Nr. 351. Rundes Bauernscheibchen. Auf weissem Grunde stehen Mann und Weib in Haustracht gekleidet. Sie hält den zinnernen Krug; er den gefüllten Glasbecher und in der Linken den Schlüsselbund. Im oberen Halbzirkel die Reime (d. B): „Aller Wält Sin vnd Muth | Stet Nach Lust, Kunft Ehr vnd Guth, | Vnd Wan Sÿ Das Er Werben | Legend Sÿ Sich Nider vnd fterbend.« Unten zu Seiten des Wappenschildes, gleichfalls auf Gelb, die Inschrift (d. B): M. Bachio Wätech vnd Barbara Vlinn fyn Ehegmahl 1661.«

Durchmesser 0.135. Gut erhaltener Monolith.

Nr. 352. Auf weissem Grunde sind in dreifach überhöhter Anordnung die Wappen des Gatten und seiner beiden Frauen gruppirt. Die Träger derselben sind drei übereinander purzelnde Engelchen. Ueber der rothen Volutenbekrönung sind links S. Sebastian, rechts der Fussfall der Magdalena gemalt. Unten die Inschrift (d. B): „Sebaftian Müller vnd Fr. Magdalena Müllerin eine geborne Ritzenfe : fein erste vnd Fr. Magdalena Müllerin ein geborne Fitlerin fein ander Ehegmahel 1662.«

Bezeichnet : **IWéber**

0.33 h., 0.248 br. Einige Risse; sonst gut erhalten.

Nr. 353. Ausgiessung des hl. Geistes. Unten zur Seite des Schildes die Inschrift: „EGREG PIERRE SAVGY A PRESENT CVRIALE LIEVTENANT DE CAPITAINE DE L'ENSEIGNE DE ROVGEMONT 1664.«

0.29 h., 0.19 br. Einige Bleie und Risse; sonst gut erhalten.

Nr. 354. Gegenstück zu Nr. 352. Eine dreifache Säulen- und Pfeilerarchitektur eröffnet den Einblick in ein Gemach, wo Salomon sein Urtheil fällt. Unten zu Seiten des Wappens die Inschrift: „IEAN FAVROD NOTAIRE IVRÉ ET IADIS LIETENANT DV CHASTEAV D'OEX 1664.« Styl der Murer in vergröberter Durchführung.

0.295 h., 0.19 br. Erhaltung mittelmässig; etwas gefleckt. Wappenschild fehlt; ausserdem verschiedene Risse und Nothbleie.

Nr. 355. Das Rundscheibchen enthält ein sehr sorgfältig schwarz und gelb auf Weiss gemaltes Wappen. Die Umschrift (d. B) lautet: „Hr. Alexander Hurter . Zunftmeifter vnd des Raths , Statthalter vnd Pannerherr wie auch Obervogt über Lohningen vnd Gündmadingen . 1667.«

Durchmesser 0.14.

Nr. 356. Gegenstück zu Nr. 355. Umschrift (d. B): Fr. Barbara Hurterin gebohrne Sigeriftin . Sein Eh gemahel . Anno 1667.*

Durchmesser 0,14.

Nr. 357. Trübe Schmelzfarbentechnik. In der Zeichnung Murer'sche Reminiscenzen. Jakobs Traum von der Himmelsleiter ist von einer reichen Architektur umgeben, über welcher die allegorischen Gestalten der Concordia und Justitia thronen. Das Hauptbild erläutern die Reime (d. B.): „Jacob im Schlaff ein Leiter fieht, | Die fich vff biß in Himmel richt, | Vnd Engel fteigen vff vnd ab, | Bedeut, daß Chriftus kom herab. Genesis 28.* Darunter am Fusse der Scheibe: „Der Hochwürdig Hoch vnd Woll-Edel gebohren Hr. P. Jacobus von Tfchernembel, Conventual deß Fürftlichen Gottshauß St. Gallen, dießer Zeit Statthalter Zu Rofchach 1669.* Bezeichnet: **IN66:**

0,305 h., 0,202 br. Erhaltung gut; zwei Risse.

Nr. 358. Feine Monolithminiature, vermuthlich eine Arbeit der Müller von Zug. Zwischen einer nüchternen Säulenarchitektur öffnet sich der Ausblick auf eine Landschaft, in welcher im Vordergrunde der hl. Ludwig zu der Madonnenglorie betet; ferner St. Margaretha mit dem Drachen und eine Hirschjagd. Am Fusse zwischen den mit Ovalkränzen umschlossenen Wappen steht die Inschrift (d. B): „Fr. Francisc Ludwig Schnider deß Raths, vnd des Wirdigen Gots Hauß Muri Amptman, zu furfe, Frauw Margaritha Schniderin Ein Geborne Feerin fein Ehliche Gemahlin A°. 1670.*

0,187 h., 0,277 br. Bis auf einige Risse gut erhalten.

Nr. 359. 1671 dadirtes Monolith-Scheibchen, vermuthlich eine Arbeit des Zuger Glasmalers Michel Müller. Jakobs Traum. Unten (d. B): „Joann Jacob Degen Hoch Oberkeitlichen Drager Landts Fenderich Der Landtfchaft March Vnd Frauw Anna Maria Gürberin. Sein Ehgemachel 1671.* Auf dem Kopfftück stehen die Reime (d. B): „Ein Leÿter Lang am Himmel Ston | Die Engel auff Vnd ab Drauff Gon | Sach Jacob, fchlaffend auff ein Stain, | Mitt Vil Zufag im Gott Erschayn.* GENES . XXVIII.

0,182 h., 0,21 br. Erhaltung gut, einige Risse.

Nr. 360. Pendant zu Nr. 359. Oelberg. Unten (d. B): Martin Cafpar Vnd Fr. Catharina Steineggerin Sein Erfte Fr. Maria Magdalena Hegnerin. Sein Ehgemachel 1671. Im Kopfftück: „Chriftuf bittet ab den Kelch drei mohl | hört s' vatterf Will, wird gefterckt gar woll — Bettet Drauff bif er mit Dem todt rang | Vnd an statt def Schweis Bluot her für trang.*

0,18 h., 0,203 br. Erhaltung tadellos.

Nr. 361. Pendant zu den beiden vorigen Nummern. Kreuzabnahme. Unten (d. B): Lienhard Martin des Grichts Vnd Rahts in der March, der Zit Kirchenvogt Zum Altendorf Vnd Fr. Elifabetha Hägnerin Sein Ehgemacheÿ 1671. Oben: „Bift abgelöfft Vom Schwehren Laft | der du min Herr getragen haft | So ist der Laft auch abgeftellt | Der Schwehren fündt in Weiter Welt.*

0,18 h., 0,202 br. Erhaltung tadellos.

Nr. 362. Pendant zu der vorigen Nummer. Geburt Johannes des Täufers. Unten (d. B): Joann Grueber, der Zeith Landt ueibel in der March vnd Fr. Anna Catherina Güntli Sein Ehgemacheli Ano 1671.* Oben (latein cursiv): „Jnter Natos Mulierum non Surrexit Maior Joanne Baptista.*

0,18 h., 0,203 br. Erhaltung tadellos.

Nr. 363. Ein Rosenkranz umgiebt im Viereck die obere Hälfte, wo über dem äbtischen Wappen in einer Glorie die Madonna thront. Von den Rosenkränzen, welche die Madonna und das Kindlein halten. hängen Bänder mit den Inschriften: „Trahe nos post te“ und „Omnia Traham ad me“ herab. Tiefer zur Seite knien SS. Benedictus und Bernhardus; von dem Letzteren schwingt sich ein Band mit: „Trahe nos post Te“ empor. Unten zwischen dem Phönix und Pelican ist eine Ansicht des „Gottshauff Wettingen“ gemalt. Darunter: „BENEDICTVS . DEI . ET APO-STOLICÆ SEDIS GRATIA ABBAS MARISSTELLÆ . Anno 1672.“

0.32 h., 0.202 br. Einige Sprünge im Mittelbild, zwei Nothbleie; sonst gut erhalten.

Nr. 364. Mit Schmelzfarben gemalte Rundscheibe. Auf weissem Grunde umrahmt eine in die Perspektive gezogene Säulenarchitektur mit rundbogiger Tonne die Schilde des Stiftes und seines Abtes. Zu Seiten SS. Joachim und Josef. Unten (d. B): „F. Joachim Abbt Züe Fifchingen 1673.“

Durchmesser 0.195. Tadellos erhalten.

Nr. 365. Runder Monolith. Der hl. Franziscus predigt den Thieren. Unten das Wappen und die Inschriften (d. B): „Dem Helgen Francisco Wunderbaar | die Engel Vnd der Vöglen fchaar, | Die thier def Feldf, die Fifch def meer, | nach Jedef arth, erwifet Eehr.“ — „Diefer Schilt VerEhren die 4 Gebruöderen, Baltaffar, Johañ, Cafpar, Jo. Rudolph Vnd Gilg Chriftoph Steineggeren Zuo Bruoderlicher gedechtnus Jhres 5\?\? Bruoder R. P. Beniamin . Prediger und BeichtVater der Seraphifchē Famigliæ Capuciner 1676.“ Monogramm ⚲⚲⚲

Durchmesser 17.2. Erhaltung gut.

Nr. 366. Gegenstück zu den drei folgenden Nummern. Grau in Grau gemalte Säulen tosca-nischer Ordnung umrahmen auf weissem Grunde die Wappen der beiden Stifter, das Roth ist noch Ueberfang; ausgiebige Verwendung von hoch aufgeschmolzenem Grün. Unten (d. B): „Caspar Körner dess Regiments Hans Conradt Haff . . . vnd Haubtm : vber ein freyfahnen Stückhilaubtman H. . . . 1658 Vogt zu Andelfingen. 1666. Rechenherr 1674. Zunfftmeister, Ober Vogt Zu Rieden v. Wiedikon 1675 Sillherr 1676. schreiber vnd Pfläger zu Güldenenhorn A. 1679.

0,355 h., 0,25 br. Einige Risse, sonst gut erhalten.

Nr. 367. Pendant zu Nr. 366, 368 und 369. Unterschrift (d. B): „Andreas Meyer deß Raths Statthalter vnd Maior vber die Reuterÿ der Statt Zürich A? 1679. Haubtm. Johann Jakob Waser ward Zunfftmeifter A? 1660 , Rechenherr A? 1662 . Sillherr A? 1663 . Ober Vogt zu Rieden vnd Wiedicken 1668 . Statthalter A? 1676.“

0,356 h., 0,253 br. Erhaltung gut; einige Risse.

Nr. 368. Pendant zu Nr. 366, 367 und 369. Hans Conradt Werdmüller deß großen Rahts der Statt Zürich vnd Landtschreiber zu Aefch v̄. Altftetten. / Hans Jacob Meyer, Cornet Año 1679.“

0,358 h.. 0,25 br. Erhaltung gut; ein Riss.

Nr. 369. Pendant zu den drei vorigen Nummern. Wappen Leu und Ulrich. Unterschrift fehlt.

0,268 h., 0,253 br. Fragment; einige Risse.

Nr. 370. Rundscheibe. Die Stelle der Säulen vertreten Kanonenläufe mit seitlichen Standarten, auf denen die Architrave und der krönende Doppelbogen ruhen. Von dem Letzteren hängt zwischen den Kleinoden des Wappens ein Medaillon mit der Inschrift „Victoria“ herab. Das écartellirte Allianzwappen von Salis und de Blonay ist von Palmzweigen umgeben. Ueber dem Gesimse, das sich unter den Säulen hinzieht, „Prudentia alit Fortunam et Jndustria.“ Unten auf Gelb die Inschrift (d. B): „Hr. Oberift Hercules von Salis, Freyherr Zur S . Leger, Herr Zu Elgg vnd

29*

Marfchlius, vnd Fr: Barbara Nicole von Salis, Ein gebohrne Frey-Fraauw von Blonois, Sein Ehegemahel. Anno 1680." Monogramm **J.W.**

Durchmesser 0,228. Bis auf einige Risse gut erhalten.

Nr. 371. Bäurisches Rundscheibchen. Die Mitte zeigt auf weisem Grunde zwischen rothen Pfeilern das äbtische Wappen, überragt von einer Wolkenglorie, in welcher die Madonna thront. Rechts und links SS. Marianus und Getulius. Am Fusse die Inschrift (lat. cursiv): „Reverendifsimus in Chrifto Pater Amplifsimus præful. ac Dominus, Dominus Nicolaus, jnclýtæ Mariæ-Stellæ (Wettingen) Abbas dignifsimus, et facræ Congregationis Cistertienfis Superioris Germaniæ, per Helvetiæ, Alfatiæ, et Brifgoiæ provincias, Vicarius et Vifitator Generalis." Monogramm wie auf Nr. 370.

0,225 Durchmesser. Bis auf einige Risse gut erhalten.

Nr. 372. Rundscheibe. Rohe Ausführung in bunten Schmelzfarben. Oben die Verkündigung zwischen SS. Aurelia und Victoria. Unten die Inschrift (d. B): „Fr. Mariæ Victoria von Beroldingen Aptisin deß Lobwürdigen Gotts-Hauß Ýlgenthal Zu Dänicken A°. 1680," und Monogramm zwischen den Schilden von Citeaux und der Abtissin, die rechts zur Seite kniet. Neben ihr die Worte: „In Jesv CHRISTO Amica mea Salus." Bezeichnet **J.Wob:M.w**

Durchmesser 0,225. Erhaltung gut; links ein Flickstück.

Nr. 373. Rundscheibe. Zwei Engel halten das äbtische Wappen. Unten die Inschrift: „Hieronymvs Dei Gratia Abbas Monasterý Moriensis in Helvetia. 1680." und Monogramm **J.Wob:M.w**

Durchmesser 0,185. Verschiedene Risse.

Nr. 374. Das Mittelstück zeigt auf weissem Grunde das äbtische Wappen von zwei Engelchen gehalten, umgeben von einem Rosenkranze, der viermal mit christlichen Monogrammen besetzt ist. Seitwärts bunte Säulenarchitekturen. Oben zwei Scenen aus der Legende der hl. Ida. Ueber der Inful des Wappens die Inschrift: „Pietas ad omnia utilis." Unten die Inschrift (lat. cursiv): „Joachimus Monastery B. M. V. in Fifchingen apud D. Iddam Abbas. Anno 1681." Monogramm wie auf Nr. 373,

Durchmesser 18 Gut erhaltene Rundscheibe. Bäuerische Ausführung in Schmelzfarben.

Nr. 375. Trübe Schmelzfarbentechnik; Doppeltheilung durch missverstandene bunte Architekturen. Links das Labyrinth, in welchem ein Kniender an die in Wolken über ihn thronende Madonna die Anrede richtet: „Hac duce egrediar." Rechts die Sündfluth; ein hoch darüber emporragender Baum ist bezeichnet: „Vna arbor Mihi salus." Unten die Inschrift (lat. cursiv): Joannes Jacobus Schmid S. Theologiæ doctor Proth. Apost. Celsiss. S. R, J. Principis Episcopi Constant. Comissarius Venerabilis Capituli Tugio-Bremgartensis Decan : et Paroch : Tugy . 1681."

0,20 h., 0,326 br. Erhaltung gut; doch fehlt der Wappenschild.

Nr. 376. Gegenstück von Nr. 375. Einblick in einen weiten Garten, Links zertritt die unbefleckte Jungfrau Maria, die in einer Glorie auf der Weltkugel steht, die Schlange. Rechts, wo ein Blitz herniederstrahlt, flieht gegen die Madonna ein Schwan mit der Unterschrift: „ob hanc a fulgure terrent." In der Abtheilung rechts steht ein Hoherpriester mit Lilien in den Händen, bezeichnet: „Ex omnibus lilium." Unter ihm die Inschrift: „Esræ 45." Am Fusse die Inschrift (lat. cursiv): „Joannes Rudolphus Schmid Insignis Ecclesiæ S. Verenæ Virginis, et Martyris Zur-Zachy Canonicus, et Cantor et harum ædium primus author. Anno Domini 1681."

0.20 h., 0,325. Das Wappen fehlt; einige Risse; sonst gut erhalten.

Nr. 377. Typus einer derben und geringen Freiburger Scheibe. In einer mit bunten aber trüben Farben gemalten Architektur steht auf weissem Grunde das Wappen; zu Seiten desselben zwei Trophäen. Darunter die Inschrift: „N. FRANCOIS NICOLAS DE BOCCARD IADIS BALLIF DE WVIPPENS . ANNO 1684."

0,325 h., 0,20 br. Erhaltung gut; einige Risse.

Nr. 378. Rundscheibe. Pendant zu den vier folgenden Nummern. Auf Weiss die behelmten Alliancewappen, darunter im Halbzirkel (d. B): „Bzat Jacob Zurlauben von Geftellenburg Ritter Hr. zu hembrunen vnd Anglichen Gewefter Oberfter Feldtwachtmeifter an der vilmerger fchlacht Landtshaubtman der Freyn Embteren vndt difmohlen zum Anderen mohlen Ammen der ftatt vnd ampt zug Fr. Maria Barbara Redingin von Biberegg fein Erste vnd Fr. Maria Margaret pfifferin feiu Ehegmallin."

Durchmesser 0,18. Erhaltung gut; ein Riss.

Nr. 379. Gegenstück zu der vorigen und den drei folgenden Nummern. Unterschrift (d. B): Frauw Maria Magdalena Von Beroldingen Geborne von Roll, fein Gemachlin. 1686." Monogramm ﬡ

Durchmesser 0,175. Zwei Sprünge.

Nr. 380. Rundscheibe. Pendant zu Nr. 378, 379, 381 und 382. Unterschrift (d. B): „Hr. Sebastian Ludwig von Beroldingen, Bifchoffl. Conftantzifch Rath / Ober Vogt Zuo Bifchoffzell, Vnd Landts-Haubtmann der Landt Grafffchafft thurgeüw Anno Domini 1686. Monogramm ﬡ . (vermuthlich identisch mit dem Meister der vorhergehenden Nummern.)

Durchmesser 0,175. Ein Sprung.

Nr. 381. Pendant zu Nr. 378—80 und 382. Unterschrift (d. B): „Frauw Anna Maria Auch Geborne von beroldingen . sein Eheliche Gemahlin. 1686."

Erhaltung tadellos.

Nr. 382. Gegenstück zu den vier vorigen Nummern. Der Schild ist von Palmzweigen umgeben und mit der Grafenkrone bekrönt. Zu Seiten desselben 1686. Im unteren Halbzirkel die Inschrift: „Fr. Ruodolff Reding Von BiberEg Landtschriber Der grafffchaft Durgäuw Vnd Herr Zuo Manneren." Trübe Schmelzfarbentechnik.

Durchmesser 0,18. Mehrere Risse.

Nr. 383. Rohe Ausführung in trüben Schmelzfarben. Die Umrahmung in Grisaille und Schmelzgrün besteht aus einer schwülstigen Säulenarchitektur, darin stehen auf blauem Grunde, von grünem Kranze umrahmt, zwei Waldmenschen, welche den Stadtschild bewachen. Darüber die Devise: „Concordiæ et Pacis : Author Jehoua". Vor den Säulenpostamenten die Personificationen der Vorsicht und Stärke. Dazwischen, von drei Ringen umschlossen, drei bürgerliche Wappenschilde und die untergelegte Inschrift: „Die Statt Winterthur 1688" und Monogramm ﬣﬡ

0,30 h., 0,292 br. Bis auf zwei Risse gut erhalten.

Nr. 384. Das viereckig umrahmte Mittelbild zeigt die Blendung des Zaleucus und seines Sohnes. Es ist im Rechteck von einreihig angeordneten Schilden umschlossen. Oben in der Mitte ist grösser das Wappen des „Her Chriftoff Müller, Stattrichter" angebracht. Die Folge der übrigen Schilde ist von rechts oben angefangen (d. B): „Hr. Benedikt Goßwiler, Ober Rüyer; Hr. Hanns Conrad Peiier im Hoff; Hr. Heinrich von Waldkirch; Hr. Hans Rudolff Wepfer; Hr. Heinrich Rufchenbach; Hr. Cafpar Schalch; Hr. Leonhard Meyer; Hr. Johañes Seiller; Hr. Hans Jakob

Wepffer; Hr. Emanuel Pfifter; Hr. Chriftoff Murbach; Hr. Hans Martin Peter; Hr. Hans Vlrich Ziegler, Gerichtfchreiber; Hr. Hans Rudolff Schalch; Hr. Hans Jacob Aman; Hr. Hans Ott; Hr. Hans Pfifter; Hr. Alexander Speifegger; Hr. Hans Flach; Hr. Gebhart Burgouer; Hr. Heinrich Schalch; Hr. Hans Cafpar Ott; Hr. Chriftoff Ziegler; Hr. Michael Sen . vnder Rüyer; Hr. Hans Conrad von Mandach . Statthalter." Zu Unterft in der Mitte: „Hans Jacob Bay, Gerichtsdiener, 1692." Den Vorgang erläutert am Fusse des Hauptbildes die Inschrift (d. B): „Wollt ihr Hochwerter Herr! die Richterftell verwalten . | Nach recht und billichkeit, fo müft ihr ernfthaft halten . | Ob dem gegebenen gesez, wie hie Z a l e u c u s that. . | Der weder feinen Sohn noch fich verfchonet hat. | Dan als, nach dem gefaz, der Sohn verliehren folte . | Beid augen feines leibs, und doch das volk nicht wolte . | Folzichen dis gefaz : fo fol fprach er von mir . | Gleichwol ein aug hin fein, und eins mein Sohn von dihr." Derbe Arbeit.

0.54 h., 0.425 br. Erhaltung gut; einige Risse.

Nr. 385. Mittelftück einer Scheibe aus dem XVII. Jahrhundert, die Geburt Christi darstellend. Monolithmalerei.

0,22 h., 0,142 br.

Nr. 386. Kopfstück einer mit trüben Schmelzfarben gemalten Scheibe. Farbloser Grund. S. Georg erlegt den Drachen; zur Seite SS. Sebastian und Barbara.

0,164 h., 0,204 br. Zwei Risse; sonst gut erhalten.

Nr. 387. Mittelstück einer allegorischen Scheibe mit derselben Darstellung wie Nr. 308. Styl des Murer.

0,186 h., 0,148 br. Fragment, verrostet.

Nr. 388. In bunter Architektur ist die Anbetung der Könige geschildert. Oben Taufe im Jordan und Johannes auf Pathmos.

0,245 h., 0,22 br. Defect, der untere Theil der Scheibe fehlt.

Nr. 389. Wappenscheibe.

0,295 h., 22 br. Ganz defect und verrostet.

Nr. 390. Fragment. Dieses Mittelstück einer vermuthlich von der Karthause Ittingen gewidmeten Scheibe stellt auf farblosem Grunde S. Laurentius zwischen zwei heiligen Karthäusern vor.

0,22 h., 0,21 br.

Nr. 391. Auf farblosem Grunde sind zwischen der Madonna und S. Katharina die Schilde des Klosters Fischingen und eines unbekannten Abtes gemalt. Die Unterschrift fehlt. Das Kopfstück zeigt die hl. Ida, die von der Burg heruntergestürzt wird.

0,31 h., 0,192 br. Sehr defect; verschiedene Stücke fehlen, Risse.

Nr. 392. Rohe bäuerische Arbeit. Oben Christus, der mit der Dornenkrone auf dem Eselein dem im vollen Ornate daherreitenden Pabste entgegenkommt mit der Inschrift (d. B): „Für war daß vnglyche Züg, Sich Zu, daß sich der schalck nit trüg." In der Mitte drei Schöpfungsmomente. Am Fusse neben den von einem Engel gehaltenen Schilden die Unterschrift (d. B): „Rudolf Drüchen vnd Barbly Zürcher Sin Hus Frouw v. Andthony Zürcher vnd Anna Zürcher Sin Hus Frouw . 16 . ."

0,317 h., 0,207 br. Mangelhaft erhalten; verflickt und Rost.

Nr. 393. Kopf- oder Mittelstück einer Scheibe aus dem Atelier der Müller in Zug: St. Martin giebt dem Bettler die Hälfte seines Mantels. Zierlich durchgeführte Monolithmalerei, besonders zart die ächt zugerische Landschaft.

0,11 h., 0,16 br.

Nr. 394. Mittelstück einer roh gearbeiteten Scheibe, die Auferstehung Christi darstellend. 0,27 h., 0,20 br.

Nr. 395. Rundscheibchen, Monolith. Auf weissem Grunde en-façe das behelmte Wappen der Bodmer. Ein Spruchband oben enthält die Inschrift (d. B): „Führe mich auff dem Pfad deiner gebotten : dann Ich Hab ein Lust darzu. Psalm 119 : V . 35." Unten: „Hans Jakob Bodmer Burger von Zürich Aö 1709."
Durchmesser 0,15. Erhaltung tadellos.

Nr. 396. Rohe runde Bauernscheibe. In gelber Glorie erscheint die Madonna zwischen S. Johannes Baptista und einem unbekannten Heiligen. Unten der Reichsadler mit dem Wappen von Zug als Herzschild und die Inschrift (d. B): Die Lobliche Gemeinde Mentzingen Anno 1717."
Durchmesser 0,17. Stark verbleit.

Grisailles.

Nr. 397. Weisse Rautenscheibe ohne Bild mit der Inschrift (Cursiv): „Chriftianus Auegodt, bühn ich genandt min gelück steit in gottes hant alls de my kenen gebe godt wass er mir gunnen, ich tuhe mich erneren trotz sey dem der es mir kahn wehren 1641." HCG
13,5 h., 8,5 br. Bestandtheil eines Rautenfensters.

Nr. 398 — 405.

Diese Folge von Glasgemälden soll sich ehemals in dem Schlosse Rebstein im St. Gallischen Rheinthale befunden haben. Der obere Theil der Scheiben, der etwa ¹/₃ der Gesammthöhe einnimmt, ist ein Monolith. Er enthält, ohne Umrahmung, eine sehr sorgfältig durchgeführte Darstellung, wozu, soweit dies die klassischen Vorwürfe betrifft, A. van Diepenbecks Illustrationen der Metamorphosen Ovids (wiederholt in Sandrarts Ausg. Nürnberg 1698) als Vorlagen dienten. Auf den schmalen Fussstreifen sind die erklärenden Reime verzeichnet. Der Sockel, dessen Höhe ungefähr einem Dritttheile der Scheibe gleichkommt, enthält zwischen den von Ovalkränzen umschlossenen Wappen der Stifter deren Namen. Ausser den vollständigen Scheiben Nr. 398 — 404 sind unter Nr. 405 noch die Fussstücke dreier Glasgemälde vereinigt, welche zu dieser Folge gehörten. Nr. 399 ist abgebildet in dem vom historisch-antiquarischen Verein in Winterthur herausgegebenen Werke: „Die Meisterwerke der schweizerischen Glasmalerei" Taf. 56.

Nr. 398. Ein Satyr plumpst durch das Röhricht in den Sumpf; Amorinen schauen ihm schalkhaft zu, unten die Reime (d. B): „Der Hellifch fähman Streßwt, | Vyl vukruth in die hertzen, | Drum bittet vnd Stetts kneßwt, | Zu weichen hellen Schmertzen. Luc. 8. Johañ Rodolph Reinhart vnd Johañ Wilhelm Blarer von Wartensee A. 1666." Zu Seiten die Wappen Reinhart und Blarer.
0.312 h., 0,192 br. Ein Riss durch das Wappen links; sonst gut erhalten.

Nr. 399. Sündfluth. Darunter: „Die Erfte Sünden Welt, | Die Warnung nur verlachet. | Drum wurdt aüf fy gefellt, | Die Fluth die fy aßß machet." Wappen von Breiten-Landenberg und v. Meiss. Dazwischen: Hartman Fridrich von Landenberg zů Salenftein vnd Achior Meyß Grichtsherr zu Wetziken, Kempten, Gryffenberg vnd Werdegg" ohne Datum.
0,31 h., 0,192 br. Erhaltung tadellos.

Nr. 400. Himmelfahrt Elias. Darunter: „Eliaß fuer hinaüf, | Sein geift dem knaben Sendeth, | Ein Prophet würd er druf, | Der Vyl Vnglück ab wendeth." 4. Reg. - C. 2. Wappen Grebel und

Schönau, dazwischen: „Johann Caſpar Grebel Leütenant vnd Johan Caſpar von Schönauw Fendrich . 1666."

0,312 h., 0,192 br. Erhaltung tadellos.

Nr. 401. David und Jonathan; Unterschrift: „Der David wurdt gemauth, | Durch ſein Fründ Jonatañe, | Da er den bogen Spauth, | daß er ſich mach von dañe." 1. Sam. C. 20. Wappen Rahn und von Schmid; Inschrift: „Johañes Rahn Haubtman über eine Guardi Companeÿ Eidtgnoſſen in Jhr Königl. Mt von Frankreich vnd Navarra Dienſten, vnd Diethelm Schmid Leütenant . Aº 1666."

0,313 h., 0,188. Ein Riss; sonst gut erhalten.

Nr. 402. Das ungemein sorgfältig durchgeführte Hauptbild zeigt einen gefallenen Hirsch, der von Hunden zerfleischt wird. Aus der Ferne eilen Esau zu Pferde und Jäger herbei. Unterschrift: „Weil Esañw Jagt im wald, | die Mutter Jacob Kleideth, | Entpfieng den Segen bald, | da er den Vatter weideth." Gen. C. 27. Wappen Edlibach und Lochmann, dazwischen Inschrift: „Fridrich Edlebach, Qüart: Haübtman vnd geweſener Haübtman über eine Companej Eidtgnoſſen in der Dürchl. Herr-ſchafft Venedig Dienſten, vnd Peter Lochman Haübtman über eine Guardj Companeÿ Eidtgnoſſen in Jhr Königl. Mt von Frankreich vnd Navarra Dienſten 1666."

0,31 h., 0.19 br. Erhaltung tadellos.

Nr. 403. Loth mit seinen Töchtern. Unterschrift: „Der Loth in trunckenheit, | Schwächt ſeine eigne Kinder, | Diß laſter weit vnd breit, | Macht ſein anſehen minder." Gen. C. 17. Zwei mal das Wappen Meiss. Dazwischen: „Heinrich Meÿß, Haubtman vnd Johan Rodolph Meÿß Ge-richtsherr Zue Wülflingen gebruedere 1666."

0,31 h., 0,192 br. Erhaltung tadellos.

Nr. 404. Jakobs Traum von der Himmelsleiter; darunter: „Der Jakob ſah im Schlaf, | Die Engel ja den Herren, | Der Spruch ich bin dein Waaff, | begar ich will dich gweren. G C 28." Wappen Grebel und Schneeberger: „Johañ Rodolph Grebel deß Regiments, geweſner Statt- vnd Landtrichter vnd dißmal Regierender Landtvogt der Herrſchafft Regenſperg / vnd Johann Georg Schneeberger, deß Regiments Rittt, vnd ſteter Statt- vnd Landtrichter 1666."

0,31 h., 0,192 br. Vollständig, aber mehrfach zersprungen.

Nr. 405. Drei Unterschriften zu Scheiben desselben Cyclus. 1. „Daß trutzend Bablifch gſind, | Boüwth biß anß Himmels Spitzen, | Druf endreth Gott geſchwind, | Jhr Sprach Vnd Jhre Witzen." Gen. C. 11. „Caſpar Kitt der Artzneÿ Doctor, vnd Johannes Schüchtzer deß Regiments Haübtman, vnd dißmahl Regierender Landtvogt der Herrſchafft Eglifaüw." 2. „Jonaß ſich weigern tueth, | deß Herren will z' verkünden, | in tieffe waßers flüth, | beweint er ſeine Sünden." Jon. C. 1. „Fridrich Lüdwig Meÿß Fendrich, vnd Johañ Wilpert Zoller geweſner Statt- vnd Landtrichter. 1666." 3. „Ob gleich die hüffte knelt. | Der Jacob doch forth Ringeth, | Den Herren er Steiff helt, | Der ihm den Segen bringeth." Gen. C. 32. „Johan Heinrich von Schönaw Leütenant vnd geweſner Schützenmeister Lobl. Bogen-Schützengeſellſchaft vnd Johan Heinrich Grebel Capit : Leütenant auch geweſner Schützenmeiſter, Lobl. Bogenſchützengeſellſchaft . 1666"

0,310 h., 0,192 br. Erhaltung gut; ein Riss.

Nr. 406. Schlanke Säulen, durch eine rundbogige Tonne verbunden, flankiren die beiden Wappen. Unterschrift (d. B): „Hr. Johan Sutter Landt Aman vnd Pannerher zu Appen Zell Fr. Aña Catharina Scheübin ſein Ehegemahel 1667." Monogramm **HCG**

Durchmesser 0,185. Erhaltung tadellos.

Nr. 407. Rundscheibe. Gegenstück zu den drei folgenden Nummern. Saubere Grisaille. Neben dem Wappen die „SPES". In der Ferne die Auferstehung Christi, rechts Jonas, der vom Fische ausgespien wird. Unten die Inschrift (d. B): „Carli Chriftoph dollickher def Kleinen Raths▪ Löbl: Statt Lucern Vnd der Zeit der 4 orthen Haubtman des Fürft Gottfhaus St. Gallen 1672." Monogramm **HCG**

Durchmesser 0,186. Tadellos erhalten.

Nr. 408. Gegenstück zu Nr. 407, 409 und 410. Saubere Grisaille. Vor einer weiten Landschaft steht neben dem behelmten Wappen die „HVMILITAS". Links in der Ferne eine offene Halle, unter welcher der Fussfall der Magdalena. Inschrift (d. B): „Johan Ruodolff Graff Ratfhriber (sic) Zu Wyl. Ano 1672." Monogramm **HCG**

Durchmesser 0,187. Erhaltung tadellos.

Nr. 409. Gegenstück zu Nr. 407, 408 und 410. Rechts das Wappen, daneben die „TEMPERANTIA": links in der Ferne Auszug aus der Arche, rechts die Taufe Christi. Unterschrift (d. B): Johan Ruodolff Wirth Fürft St. Gallifher (sic) Raths vnd Vogt Zuo fhwartzenbach. Anno 1672." Monogramm wie Nr. 408.

Durchmesser 0,186. Erhaltung tadellos.

Nr. 410. Gehört zu den drei vorhergehenden Nummern. Zu Seiten des Wappens die Fides; unter den fernen Gebäulichkeiten links das Abendmahl und rechts Passah. Inschrift: „P. PLACIDVS Bridler, SS. CON, D. CONVENTVAL def› Fürst▪ Gottfh▪ St▪ Gall Vnd Stathalter zu Wyl. 1672." Monogramm **HCG**

Durchmesser 0,186. Ein Riss.

Nr. 411. Hauptbild: Simson und Delila. Unten Wappen und Inschrift (d. B): „Hans Keller Statt Haubtman Vnd def gerichts in Bifhoff Zell 1673." Oben: „Simson Zeigt offentlich an, | worin fein groffe fterck thet ftahn | die Philifter konnen hin eyn : | ftechen in aus die augen fein." Monogramm **HCG**

Durchmesser 0,19. Mehrere Risse.

Nr. 412. Das Hauptbild, ohne Umrahmung, stellt, sorgsam im Murerischen Style durchgeführt, die Bewirthung der Engel durch Abraham vor. (In freier Wiederholung von Murers Emblemata). Unten das Wappen und Inschrift (d. B): „Aberham Löüwerer Burger und def alten Raths zu Bifchoffzel vnd Franw Suffana Kellerin fein Ehe-Fr. Anno 1675." Monogramm wie Nr. 411.

Durchmesser 0,183. Einige Risse, sonst vollständig.

Nr. 413. Gegenstück zu den drei folgenden Nummern. Das Mittelstück ist ein quer gestelltes Oval mit der Umschrift: „PREMOR . SED VERE RESVRGO . Er dacht an uns, da wir unterdruckt waren. Pfalm CXXXVI. V 23." Das Oval enthält die Ansicht des Schlosses Forsteck. Oben (d. B): „Vom rauhen winterfroft die Felder überfchneyet, | im früling widerum herweifen grüne faat: | So werden wir auch feyn durch Gottes troft erfreüet | wan alles unglück fich im tod geendet hat." Unten die Wappen Usteri und Ziegler, dazwischen (d. B): „Pauli Ufteri, Kauffman und Burger der Lob. Statt Zürich nnd Elifabetha Ufteri ein gebohrne Zieglerin Sein Ehegemahel A°. 1686."

0,25 h., 0,155 br. Zwei Risse, sonst gut erhalten.

Nr. 414. Gegenstück zu Nr. 413, 415 und 416. In der Umrahmung des mittleren Querovales: „CONCORDIA DITAT. Das gute und treü einander begegnen, der Pfalm LXXXV. v. XI." Innen die Ansicht des Schlosses Grüningen. Oben: „Der reiche weinftock wil den Ruftbaum fanfft umfangen, | und Zeitiget daran die füffe Nectarfrucht: | Alfo wan gut und treü zusam̄ die hertzen hangen | so wird des frideus nutz und einigkeit gesucht." Unten die Wappen Hug und Labhart, dazwischen: „Johan Heinrich Hug, Kauffmā und Burger Lob. Statt Zürich und Elifabetha Hug ein gebohrne Labhartin fein Ehegma. Anno 1686."

0,250 h., 0,154 br. Erhaltung tadellos.

Nr. 415. Gegenstück zu den Vorigen und Nr. 416. Im Ovalband: „OPERIS PRÆSTANTIA ARTIFICIS (sic) GLORIA. Die Himmel erzellen die ehre Gottes. Pfalm XIX. v. 2." Darin Schloss Kyburg. Oben: „Wie fchön und Prächtig ift, ob unf her angefezet | des himmels Harmonie, in ftetter ordnung geht, | Wan diefes glantzgebeü O Menfch dein hertz ergetzet | denck, wie vil gröffer sey des Schöpffers Majeftet." Unten zu Seiten des Wappens v. Schmid: „Jk. Johan Jacob Schmid alter Statt und Landt Richter der Loblichen Statt Zürich. A° 1686."

0,253 h., 0,155 br. Erhaltung tadellos.

Nr. 416. Gegenstück zu den drei vorigen Nummern. Das Mittelbild, welches das Städtchen Regensberg darstellt, ist umschlossen von der Umschrift: „TERRESTRE FOENVS INNOCENS. Der Herr fegne eüch jemehr und mehr, Pfalm d. CXV. v. 14." Im Kopfband: „Die ernde järlich bringt ihr Prächtiges einkom̄en | den faamen widerum mit reichem wucher gibt: | Auß Gottes vatters fchofs der segen wird genom̄en | Zum Zeichen, das Er uns als feine Kinder liebt." Unten zwischen den Wappen Bodmer und Labhard: „Bernhardt Bodmer, diener der Kirchen v. Schul Zürich und Anna Margaretha Bodmer, ein gebohrne Labhartin, Sein Ehegemahel, Anno 1686."

0,25 h., 0,155 br. Ein Nothblei, sonst gut erhalten.

Nr. 416a. Runde Grisaille. Auf hellem Grunde hebt sich vor einer korinthisirenden Säulenstellung das Wappen des Mannes ab. In der Tiefe eine Stadt am See. Unterschrift (d. B): „Johann Othmar Hauß gegenWärtigeß hauß Besitzer Anno 1687."

Durchmesser 0,17. Ein Stück fehlt. Zwei Nothbleie.

Nr. 416b. Gegenstück zu der vorigen Nummer mit dem Wappen der Frau. Unterschrift (d. B): „Frau Johonna (sic) Maria Haufin geborne Mierglerin 1687."

Durchmesser 0,17. Ein Stück fehlt, vier Nothbleie.

Nr. 417. Rundscheibe. Gegenstück zu den fünf folgenden Nummern. St. Martinus theilt mit dem Armen seinen Mantel. Unterschrift (d. B): „St. Martin miltigklich, ein Stuekh vom Mantel schneidet: Schenkts einem armen Mañ, wormit er sich bekleidet." Martj Bornhufer, Leütenant zu Weinfelden 1689."

Durchmesser 0,143. Erhaltung tadellos.

Nr. 418. Gegenstück zu Nr. 417 und den drei folgenden Nummern. Elias Himmelfahrt. Unterschriften (d. B): „Elia fehrt gen Him̄el hoch | Jn Ampt folgt im Elifa nach, | Das bitter Waßer macht er gut, | Die Bärn fauffen d. Kinder blut. Elias Bornhuser, Richter zu Weinfelden. 1689."

Durchmesser 0,145. Erhaltung gut.

Nr. 419. Gegenstück zu Nr. 417—422. Josef wird in den Brunnen versenkt. Unterschrift (d. B): „Joseph Sein Traum entdeckt | Jhn eine Grub hernach | Die Brüeder Jhn gefteckt | Verkaufft, geübet rach. Bonaventura Klinger, Kornhandler v̄. deß Gerichts in Goßauw 1689."

Durchmesser 0,142. Erhaltung tadellos.

Nr. 420. Gegenstück zu Nr. 417—422. Marie Heimsuchung. Unterschrift (d. B): „Maria grüßt Elifabet. | die Johanem gebähren thett, | Das kind in Muttor leib fpringt | Maria Lob dem Herren fingt. Vlrich Küentzli zu Niderdorff, deß Grichts in Goßauw. Anno 1689."

Durchmesser 0,143. Erhaltung tadellos.

Nr. 421. Gegenstück zu Nr. 417—422. Flucht nach Ägypten in origineller zeitgenössischer Auffassung, Joseph ist als Türke gekleidet. Unten hält ein Engelchen den Schild; zu Seiten die Inschrift (d. B): „Vor deß Herodis lift, Joseph das Jefulein, Entführet weith hinweg, bis in Ägypten hien. Jofeph Roth, Grichtfchreiber in Goßauw 1689."

Durchmesser 0,142. Erhaltung tadellos. Grisaille.

Nr. 422. Pendant zu den 5 vorigen Nummern. Ueber den Unterfchriften Chriftus und der Hauptmann von Capernaum. Unten (d. B): „Der Hauptman Zu Jefu trit, | Vm des Knechts gesundheit bitt, | Vom Gutfchlag wird er gefund | Durch Jefu Wort zu der Stund. Herr Rudolff Poßart auss dem Weÿer Haubtman v̄. deß Gerichts in Goßauw 1689."

Durchmesser 0,142. Erhaltung gut. Grisaille.

Nr. 423. Die Composition, Umrahmung und Anordnung entspricht genau den Nr. 366—369. Zwei toscanische Säulen sind durch einen Triglyphen-Fries verbunden; dazwischen das Wappen der Holzhalb mit dem Zur Eich'schen und Usteri'schen écartelirt. Unten die Inschrift (d. B): „Johannes Holtzhalb, Fr. Catharina Zur Eich, Fr. Efther Vfterin feine Ehegemahel. Aᵒ 1691."

0,29 h., 0,198 br. Erhaltung gut; zwei Risse.

Nr. 424. Auf farblosem Grunde steht ein Cavalier in der Zeittracht des beginnenden XVIII. Jahrhunderts.

0,092 h., 0,066 br. Ein Nothblei.

Nr. 425. Grisaille aus der zweiten Hälfte des XVII. Jhdts. Ferne rechts kost unter der offenen Halle eines Hauses vor dem Bette bei besetzter Tafel ein Pärchen. Links hinter einem Baume steht ein altes Weib. Sie schneidet eine Schnur entzwei, die einem Hahn um den Kragen gebunden ist. Er wird getragen von einem Galan. Dieser eilt einem Eierkorbe zu, von dem er die Decke lüftet. Einem Ei entschlüpft ein menschliches Wesen. Gegen den Angriff wehrt sich, auf dem Korbe kniend, ein stattlich aufgeputztes Frauenzimmer; in der ausgestreckten Linken hält sie den zerzausten Jungfernkranz und in der Rechten einen Kindskopf, mit dem sie zum Wurf gegen den Angreifer ausholt. Oben: „WEHR MVTTER WEHR : DER HAN WILL MIR VBERS NEST." Unten (lat. cursiv): „Ach Jungfraw secht mein Jammer an | es säss gern auff mein iunger Han | Jch Lauff herumb kein Nest kan finden | Kan Jn auch allzeit nit anbinden . | Fleuch Junger Hach s' Nest ist Versagt: | es seind schon Eyer drin gelägt. | Wirstu darob erzurnen mich | So wirff ich mit eim kindtskopff dich."

0,173 h., 0,22 br. Erhaltung tadellos.

Nr. 426. Rundscheibe. Gegenstück zur folgenden Nummer. Behelmtes Wappen. Im oberen Halbzirkel (d. B): „Maifter Hans Jörg überle Vnd Frauw Anna Ruotherfchauferin fin Ehfrau zu Jlighaufen 1708."

Durchmesser 0,15. Ein Riss.

Nr. 427. Gegenstück zur vorigen Nummer. In der Mitte das Wappen, unten grüne Lorbeerzweige; im oberen Halbzirkel (d. B.): „Maifter Benianmi Welder des gerichts zu Sulgen Vnd Vrfula fcheibin Sein Eh Frau 1708."

Durchmesser 0,155. Intact.

Nr. 428. Der gekrönte Schild der Zurlauben mit durchgestecktem Pedum, von zwei Löwen gehalten. Unterschrift (d. B): „Fr. Maria Eüphemia Zurlauben Barone von Thurn vnd Geftellenburg Abttifsin Des Lobwurdigen Gottshauff Dennicken, Anno 1714."

Durchmesser 0,157. Erhaltung tadellos.

Nr. 429. Genaue Wiederholung der vorigen Nummer. 1714.

Durchmesser 0,16. Erhaltung tadellos.

Nr. 430. Rundscheibe, mit den fünf folgenden Nummern eine gemeinsame Serie bildend. Das écartelirte Wappen mit der Krone und dem durchgesteckten Pedum wird von zwei Löwen gehalten. Unten die Inschrift (d. B): „Maria Euphemia Zurlauben Barone von Thurn vnd Gestellenburg Abbtiffin Des Lobwürdigen Gottshaus Deñickhen Anno 1718."

Durchmesser 0,204. Erhaltung tadellos.

Nr. 431. Zwei Löwen halten das äbtische Wappen. Seitwärts sind je drei Schilde der Rheinauischen Herrschaften angeordnet. Rechts: „Herfchafft Ofteringen; Neüwburg; Altenburg;" Links: „Statt Rheinauw; Mañeren; Jestetten." Unten Inschrift (d. B): „Geroldus Z⁴ᵉˢ Zurlauben Baron von Thurn vnd Gestellenburg Abbte Des Lobwürdigen Gottshauß Rheinauw. Anno 1715."

Durchmesser 0,29. Erhaltung tadellos.

Nr. 432. Im oberen Halbzirkel wird das äbtische Wappen von zwei Engelchen gehalten. Es ist mit der Inful zwischen den Helmen von Rapperswyl und Homberg bekrönt. Darunter die Inschrift (d. B): „Franciscus Baumgartner Abbte des Loblichen Gottshauf Wettingen Des Heiligen Cistercienser Ordens vnd Vicarius Generalis Durch Schweitz Elssass vnd Brifsgäuw Anno 1715."

Durchmesser 0,204. Erhaltung tadellos.

Nr. 433. Der écartelirte Ovalschild mit der Devise: „BELLICÆ . VIRTVTIS . PRÆMIVM ." und zwei Helmen wird von Löwen gehalten; zu Seiten sind Trophäen angeordnet. Unterschrift (d. B): „Landtf Hauptman Beat Jacob Zur Lauben Baron von Thurn vnd Geftellenburg Herr Zuo Hembrunnen Vnd Anglickhen Sancti Ludouici Ordens Ritter, Regierendter Amman der Statt vnd Ampt Zug Frauw Maria Barbara Zurlauben Barone von Thurn vnd Gestellenburg sein Ehegemahlin 1715."

Durchmesser 0,205. Erhaltung tadellos.

Nr. 434. Aebtisches Wappen von Löwen gehalten. Ringsherum zehn Murische Herrschaften; im oberen Halbzirkel: „Ampt Mury; Dieften; Glattburg; Klingenberg." Im unteren Halbzirkel die bezeichneten Schilde von: „Eppishaufen, Bofwyl; Büntzen; Tallwyl; Beinwyl und Landegg." Die Inschrift (d. B) lautet: „Placidus Zurlauben Baron von Thurn vnd Geftellenburg Des H. Romifchen Reichs Fürft vnd Abbt Des Fürstlichen Gottshaufes Murÿ 1715."

Durchmesser 0,20. Erhaltung tadellos.

Nr. 435. Gleiche Anordnung wie Nr. 431. Unterschrift (d. B): Franzifcus Trogger Abbte des Lobwürdigen Gottshauf der Heiligen Gräffin Jddæ Jn Fischingen vnd Baron zuo Dänneg. 1715."

Durchmesser 0,202. Erhaltung tadellos.

Nr. 436. Rundscheibe. Der gekrönte Schild der Zurlauben wird von zwei Löwen gehalten. Inschrift (lat. cursiv): „P. Ludouicus Zurlauben, Baro de Thurn, et Gestellenburg, Conentual (sic) in Wettingen P. t. Confessarius in Magdennaw, Notarius Apost. 1720."

Durchmesser 0,175. Ein Riss.

Nr. 437. Rundscheibe. Rauhe Arbeit. Der ovale, gekrönte Cartouchenschild wird von zwei

Pferden gehalten, deren Brust je eine Lilie schmükt. Darunter die Inschrift (lat. cursiv): R. P. Coelestinus Schwaller Conventual in Wettingen P. T. Confessariüs, et Parochus in Denniken 1723."

Durchmesser 0,162. Erhaltung tadellos.

Nr. 438. Sechseckiges Wappenscheibchen. Gegenstück zu den drei folgenden Nummern. Umschrift (d. B): Frantz Antoni Jögger des Jnneren Raths und Hoftadt Ampts Pfleger A° 1725."

Durchmesser. 0,123.

Nr. 439. Gegenstück zu Nr. 438, 440 und 441. „Jakob Anton Mezger V : I : L : des Jnneren Raths Vnd Hoftatt Ampts Pfleger. Anno 1727."

Durchmesser 0,123.

Nr. 440. Gegenstück zu den beiden vorigen Nummern. Umschrift: „Frantz Antoni Spengler des Jnneren Raths Vnd Hoftadt Ampts Pfleger 1732."

Durchmesser 0,123.

Nr. 441. Gegenstück zu den drei vorigen Nummern. „Johann Michael Miller des Jnneren Raths Vnd Hoffstat Ambts Pflöger . Aö 1737."

Durchmesser 0,123.

Nr. 442. Vor der Madonna kniet betend der hl. Bischof, hinter dessen Rücken sich die Angreifer nahen. Ueberschrift (lat. cursiv): „Anselmus under Mariæ Schutz, Bietet all seinen feinden den trutz." Unterschrift zu Seiten des Wappens: „Hr. Anselmus Elsener der Elseneren Familæ neüwer unser Lieben Frauen pfrund Erster Caplan 1735."

Durchmesser 0,16. Ein Riss.

Nr. 443. SS. Petrus und Paulus; unten zu Seiten des Zuger Schildes die Inschrift (d. B): „Die Löblich Gemeindt Egerin Anno 1743."

0,17 h., 0,17 br. Mehrere Risse.

Nr. 444. Bäuerische Rundscheibe. Pendant zu der folgenden Nummer. Wappen mit dem Motto: „Ad Astra ad Sidera" zwischen SS. Petrus und Theresia. Unterschrift (d. B): „Tit. Herr Haubtmann Joan Peter ſtaub deß Rathß, gewefter Landvogt Zu Lugarus Obman des gottü Hauß Gerichtü, vnd ietz zum andren mahl Regierender Amann zue Zug, Vnd Fr. maria Anna Theresia „Ester Weberin feine Ehe Consortin." Oben 1743.

Durchmesser 0,158. Erhaltung tadellos.

Nr. 445. Gegenstück zu der vorigen Nummer. In einer Säulenstellung erscheint zwischen den Namenspatronen das Wappen. Umschrift (d. B): „Der Hochwürdige, Geiftliche, Vnd Wohlgelerte Herr Jacob Clemens ſtaub Camerarius deß Vralten Capitels Zug, vnd Wohl beftelter Pfahrherr allhier Zu Mentzingen Anno 1743."

Durchmesser 0,157. Gut erhalten.

Nr. 446. Gravirte Scheibe. Wappen mit Umschrift (d. B): „Wer nicht erkeüt Den Herren Chrift, mit dem all thun Verloren ist. Mftr. Sallomon Haffter Metzger und Burger zu Weinfelden, u. Frauw Margareta Borhaußer."

Durchmesser 0,155. Tadellos erhalten.

Nr. 447. Geschliffene Bernerscheibe. Wappen mit Ueberschrift (d. B): „Wahre Fründschaft acht ich hoch, | nicht einem Jeden trau Jch doch." Unten (d. B): „Hr. Samuel Lentulus, Burger der Statt Bern, Dero zu Hungarn und Böheim Keÿserl. Königl. Majeſt. deß Philippischen Dragonr Regim. gewesener Hauptm. dermahlen in Jhro Gnaden Landen bestellter Obriſtwachtmeiſter der Dragoner 1758."

0,258 h., 0,173 br.

Arbeiten der Spengler von Constanz.

Nr. 448. Fragment. Allianzwappen, darunter die Inschrift (d. B): Johann Georg Schinbain Von Freyburg Jm Breyffgaw diser Zeit Lateinisch Catholischer des Löbl. Röm. Reichs Statt Bibrach Schuollmaister Anna Ottin fein Eheliche Hausfraw A° 1578." Monogramm M.S.SP

0,275 h., 0,215 br. Erhaltung gut.

Nr. 449. Rundscheibchen. Farbloser Grund. In der Ferne die fein gezeichnete Ansicht der Stadt Constanz, vor welcher die beiden Wappen. Unten die Inschrift (d. B): „Peter Fels der Jung Von Coftantz 1595 Elfbetha Spindlerin Sein Ehgemachel Anno 1595." Monogramm 1P.SP.

Durchmesser 0,143. Ein Nothblei und ein Riss; sonst gut erhalten.

Nr. 450. Rundscheibe. Pendant zu der folgenden Nummer. Unterschrift (d. B): „Peter Felß der Alt von Coftantz 1597. Vrsula Hatzebergin von Coftantz fein Erft Ehegemahel 1591. Maria Widehueberin Ander Ehegemahel 1601." Monogramm W3P.

Durchmesser 0,143. Ein Sprung.

Nr. 451. Rundscheibchen. Gegenstück zu der vorigen Nummer. In dreifachem Aufbau das Wappen des Mannes und seiner beiden Gattinen; in der Ferne eine Stadt am Fluss. Unten die Inschrift (d. B.): „Heinrich Fels Anno 1630 Ottillia Studerin Sein Erfte Ehgmachel A. 1630, Barbara Eícherin (vom Luchs) Sein zweite Ehgmachel 1640?" Bezeichnet W.S.P.

Durchmesser 0,145. 3 Nothbleie.

Nr. 452. Das Mittelbild, eine sorgfältig durchgeführte Monolithminiature, stellt den Heiland dar, der sich in Gegenwart der Apostel von seiner Mutter verabschiedet. Drei Streifen umgeben die Mitte; der Obere mit der Inschrift (d. B): „diû sind die Patteronen difes Gottshauû" stellt unter Rundbögen SS. Remigius, Waldburga, Benedict und Scholastica dar. In der Mitte der Schild der Priorin mit der Umschrift: „MELIORA HOPPLERIN PRIORIN." Die senkrechten Streifen enthalten, übereinandergeordnet, je sechs Schilde der Conventualinnen mit folgenden Namen (lat. cursiv): „Margretha Sapin, Suppriorin; Waldtburg Hüenlin; Anna Maria von Kirchberg; Iuftina Sutterin; Scholaftica Freyin; Anna Maria Sandholtzerin; Maria Landenberg; Hefter von Greiffenberg; Anna Schlumpfin; Magtalena Kollerin; Barbara Knöpflini; Hellena Zum brunen." Unten steht zwischen Engeln eine Tafel mit der Inschrift (d. B): „Frowen Priorin vnd ain Erwürdig Capittel des Lobwürdigen Gottshauû Münfterlingen Anno . 1614." Monogramm ✦ I·S·

0,42 h., 0,334 br. Einige Nothbleie und Risse durch das Mittelbild; sonst gut erhalten.

Nr. 453. Zwei Engel stehen zu Seiten des Wappens, über welchem das Kopfstück „Tamerlanes Sentha" darstellt, der an der Spitze seiner Truppen gegen eine Stadt zieht. Am Fuss die Inschrift (d. B): „Hanû Rudolff Sonnberg, des Raths der Statt Lucern Landtvogt deû Thurgöwû . Anno 1620." Unter dem Schilde die Inschrift (lat. cursiv): „Omnia Mature. Nihil Insipienter Agamus." (d. B): „Alles Mitt Rath . Dan Nach der Thatt, Ist Rew zefPatt." Monogramm I· S P✦

0,305 h., 0,295 br. Mittelmässig erhalten; Nothbleie und mehrere Flickstücke.

Nr. 454. Wappen der von Reding mit der Unterschrift (d. B): „Herr Göörg Dietherich Redig St. Stephanûs ordens Ritter. Fl. St. Gall. Ratt vnd Vogt auf Jberg. F. Anna Maria Redigin, Ein Geborne Häffin von Glarus . fein Ehegemahel . 1621." Monogramm I·SP✦

0,30 h., 0,323 br. Kopfstück und Wappen rechts fehlen.

Nr. 455. Doppelwappen in bunter Architektur: oben die Vision des hl. Johannes auf Pathmos und St. Barbara. Unterschrift (d. B): „Johann Harder Beeder Rechten Doctor Fürftlicher St. Gallifcher Rath, Cantzler vnd Barbara Hillerin fein Eheliche Haufsfrow . Anno Domini 1626.“ Monogramm ⚏ **SP** •

0,324 h., 0,20 br. Defect, 2 Stücke fehlen.

Nr. 456. Eine bunte Säulenftellung umrahmt auf weissem Grunde die beiden Wappen. Unten die Inschrift (d. B): „Max von Vlm gerichts herr Zuo Grieffenberg vnd der Lieburg Fürftl. St. Gallifcher Rath vnd Hoffmeifter vnd Fr. Anna Barbara von Vlm, geborne Reichline von Meldeckh fein Ehegemahel 1626.“ Monogramm I. S. P.

26 h., 198 br. Abgesehen von einigen Nothbleien und Rissen gut erhalten.

Nr. 457. Am Fuss der Scheibe die Inschrift (d. B): „Aman Schreiber vnd ein Erfam gericht zuo Güttingen. Anno 1630.“ Monogramm ⚏ **SP** Zu Seiten der beiden Säulen die Schilde der Richter. Auf dem Architrave, links Franciscus Tanner von Tauw vnd Bollenstein. Fürst. Bischl : Coste : Ober vogt der Herrfchafft Güttingen 1630, rechts „der Richter fich zue bedencken wol | im vrtheilen was er Richten fol | darmit bfchech der armen wie de Reiche | witwen vnd waifen auch desgleichen | nit achten folle ehr, gab gelt noch gunft | womit fein arbeit vor Gott vmbfonft.“ In der Mitte Tanners Wappen. Das figurenreiche Hauptbild ftellt in einem traulichen Gemache die Gerichtssitzung dar.

0,322 h., 0,382 br. Erhaltung gut; einige Risse.

Nr. 458. Auf Weiss die beiden Wappen, zwischen denen das Jerusalemkreuz, Schwert und Catharinenrad. Am Fusse die von Rollwerk umgebene Tafel mit der Inschrift (d. B): „Haupt. Frantz. Tanner vö Tauw vnd Bollenftein deß H. Grabs Ritter Frl. Bifchoffl - Coftantz - Ratt vnd Vogt Zu Güttingen Fr. Anna Maria Tanneri ein geborne Helmlini fein Ehegemachell 1 . 6 . 3 0.“ Monogramm **I·SP** •

0,245 h., 0,208 br. Bis auf zwei Risse durch die Wappen gut erhalten.

Nr. 459. Feine Monolith-Miniature, bezeichnet ⚏ **SP** Im Vordergrunde einer weiten Landschaft sitzt die Madonna mit dem Christuskuäblein, dem sich der kleine Johannes mit einem Lamme nähert.

0,13 h., 0,202 br. Tadellos erhalten.

Nr. 460. Die Rundscheibe zeigt in trüber Schmelzfarbentechnik den Abschied des verlorenen Sohnes und sein Gartenfest. Unten der Schild des Stifters und die Inschrift (d. B): „H. Sebaftian Höger des Raths Jn St. Gallen Anno 1655.“ Monogramm **WSP** w59...

Durchmesser 0,143. Erhaltung tadellos.

Nr. 461. Monolith-Miniature mit trüben Schmelzfarben gemalt. Auf dem See, an dessen linkem Ufer im Vordergrunde ein Gasthaus steht, treibt mit vollen Segeln ein befrachtetes Schiff. Am Fusse der Scheibe steht zwischen zwei Wappen-Cartonchen die Inschrift (d. B): „Es ift ein kluger Mann der das Schiff wol regiert. Noch kluger der die Welt durchfchifft wie fichs gebirt, Die Welt ift wie ein Meer, der Menfch so drauff fchifft. Wol dem der alfo führt das er den Himmel trifft. 1656.“ Monogramm **W.S.P.**

0,118 h., 0,232 br. Erhaltung tadellos.

Nr. 462. Rohe Arbeit. Oben die Verkündigung. Die im Oval umrahmte Mitte zeigt die Krönung Mariæ in Gegenwart der unten knienden Heiligen Carolus Borromeus, Bartholomeus, Antonius von Padua, Franfiscus, Maria Magtalena, Conradus und Joseph. Unten zwischen den Wappen die Inschrift (d. B): „Herr Conradt Fafüler, Gewefter Statthalter der Zeit Regirendter Landtanien deß Catholifchen Landts Appenzell Vnd Fr. Magtalenna Büchlerin fein Ehegemachelin 1566." Monogramm **w s·P.**

0,313 h., 0,20 br. Sprünge und oben in der oberen Ecke links etwas defect; sonst gut erhalten.

Nr. 463. Crucifixus zwischen Maria und Johannes; Unterschrift (d. B): „Herr Ferdinand Peÿer Kauffher Zue Rofchach. 1671." Monogramm **ʋ⟨s̨P·mᴄoꝑ⟨**

Durchmesser 0,144. Tadellos erhalten.

Nr. 464. Rundscheibe. Gegenstück zu Nr. 465. Ein Apostel steht vor einer Seelandschaft. Unterschrift (d. B): „Der Wol Ehrwürtige, Hochgelehrte Herr: Peterus Bombacher deß Löblichen St. Gallisher Capitels Deputat . Vnd Pfarrherr zue Goldtach." Monogramm **ʋ⟨ 8 P. in Cꝓⲭⲁⲛⲧ̨.**

Durchmesser 0,152. Erhaltung tadellos.

Nr. 465. Gegenstück zu der vorigen Nummer. Notker überwindet den Teufel; ferne die Ansicht des Klosters St. Gallen. Unterschrift (d. B): „Der wol Ehrwürdig, Geiftlich, vnd Hochgelert Herr P. Jacobus von Tfchernemmel, Conuentual Zue St. Gallen, Der Zeit Statthalter zue Rofchach vnder welchem diefe Mühli gemacht worden." Monogramm **ı ϭ   ⸝ i · ʋ⟨sP. in Cꝓⲭⲛⲧ̨.**

Durchmesser 0,145. Erhaltung tadellos.

Nr. 466. Flottes Wappen auf weissem Damast; unten zwischen Ovalkränzen mit kleineren Wappen die Inschrift (d. B): „Herr Jofeph Wickhart Pfarherr zue Eggerfriedt, Herr Joan Baptita Joos Von Rapperschwil Curatus in Buchen Anno 1672." Monogramm **ʋ⟨SP.ⲙCoꝑᷓ**

0,335 h., 0,204 br. Defect; ein Wappen unten fehlt.

Nr. 467. Die grau und gelb gemalte Rundscheibe stellt den Apostel Andreas vor; in der Ferne rechts sieht man den Fischzug, unten zu Seiten des Schildes die Inschrift (d. B): „Der Wol Ehrwürdig Geiftliche Hoch Vnd Wolgelehrte Herr M. Georgiuß Grub Herr S. S. Thlgie Candltaty, der Zeit Pfarr Herr Zue Arben Anno 1673." Bezeichnet **ʋ⟨SP.ı ꝶ cꝑⲁⲩꝉᷲ**

Durchmesser 0,145. Tadellos erhalten.

Nr. 468. Zwischen den Apostelfürsten eilt St. Joseph mit dem Christuskmaben durch eine weite Landschaft. Unten zu Seiten des Schildes die Inschrift: „Admodu Reuerendus Nobilis et Doctissimus Dominus Josephus Dilmann S: S: Theo Logiæ Doctor uc pro tempore ad Diui peteri et pauli parochus in Augia Diuite : Anno : 1675." Monogramm **ʋ⟨.SP.ⲙ Coꝶ:**

0,275 h., 0,36. Viele Risse und Nothbleie.

Nr. 469. Rundscheibchen. Wappen mit trüben Schmelzfarben auf weissem Grund; Umschrift (d. B): „Johann Cafper Weh deß Ratts 1678 Jahr."

Durchmesser 0,11.

Nr. 470. Rundscheibchen. Wappen mit Schmelzfarben auf Weiss gemalt; Umschrift (d. B): „Maria Wechein Geborne Weltzin : 1678 Jahr."

Durchmesser 0,11.

Nr. 471. Rundscheibchen. Wappen mit Schmelzfarben auf Weiss gemalt; Umschrift (d. B): „Fr. Ge. ftl. Ludwig Philip Schuldtheiß des Raths Oberbauwmaifter vnd Pfleger deß meren Fanenampts zue Coftantz vnd Mülly Herr, Anno 1679." Monogramm **M·S·S·P.**

Durchmesser 0,11.

Nr. 472. Sorgfältig durchgeführte runde Grisaille ohne Umrahmung, die Ruhe auf der Flucht nach Ägypten darstellend. Unterschrift: „IOSEPH MONITVS IN SOMNIS AB ANGELO, FVGIEN DVCIT PVERVM ET MATREM EIVS IN AEGIPTVM . MATTHÆ . 11 . 1680.“ Monogramm **wᶜᵖᶠ·**

Durchmesser 0,158. Tadellos erhalten.

Nr. 473. Rauh behandelte Grisaille. Ein schwerer ovaler Blattkranz, von schwebenden Engeln gehalten, umrahmt die Darstellung des hl. Martinus, der mit dem Bettler den Mantel theilt. Oben ein Rundmedaillon mit dem von der Inful bekrönten Wappen des Stiftes und Abtes mit der Umschrift: „Io. Martinus Abbas Jmperialis Moūry Zwifaltensis 1682.“ Am Fusse eine Cartouche mit Inschrift: „Splendet in hoc vitro Martini splendida Virtus Scilicet ad lucem luceat illa decet.“ Zu Seiten die Ansichten von: „Ober geizberg . bey Costantz“ und „Castel bey Costantz“. Bezeichnet **verlfzangsrengter glaßmaß**

Einige Nothbleie; sonst gut erhalten.

Nr. 474. Gegenstück zur folgenden Nummer. Weisses sechseckiges Wappenscheibchen mit der Umschrift (d. B): „Johann , Paptifta Spengler deß Großen Raths vnd Statt Gerichts Ju Coftanz . 1683.“ Monogramm W. S. P.

Durchmesser 0,123.

Nr. 475. Grau und braunroth gemalte sechseckige Wappenscheibe, Gegenstück zu voriger Nummer. Im Hintergrunde Häuser und Landschaft. Inschrift (d. B): „Johann Baptista Spengler deß Großen Raths Vnd Statt Gerichts Jn Costantz Aö⸳ 1683.“ Monogramm **wᶜᵖ·**

0,14 h., 0,13 br. Gut erhalten.

Nr. 476. Roh gemalte Rundscheibe, den barmherzigen Samariter darstellend; darüber die Reime (d. B): „Chriftus Jefus den man hat genent | Ein Samariter hilft behend. | Vnd Zeigt aůch die Parabel wol | Wie man den Nächften Liebë soll.“ Unten zu Seiten des Wappens die Inschrift: „Herr Vlrich Löhrer, Deß alten Raths Vnd Spitelmaifter Zu Bifchoffzel Año: 1685.“ Monogramm **ⁱᴹSₚₑₒₙⁿₑₙ**

Durchmesser 0,166. Ein Sprung.

Nr. 477. Rundscheibe. Auf farblosem Grunde sind die Wappen der Hallwyl und Bodman gemalt. Unterschrift (d. B): „Frantz Walter von hallweil zu bleideg vnd Zilfchlacht bifchöflicher Couftantifcher Rath vnd ober Uogt der herrfchaft gütingen Maria Magdalena vö hallweill geborne von vnd zu bodman 1686.“ Monogramm **MSSP·**

Durchmesser 0,16. Erhaltung tadellos.

Nr. 478. Rundscheibchen. Das Wappen ist mit Schmelzfarben auf Weiss gemalt; Inschrift: „Johann Conradt Guldinast Des Raths stencherz vud Mülli Herr 1691.“ Monogramm: M. S. S. P.

Durchmesser 0,103. Ein Riss.

Nr. 479. Runder Monolith. Auf farblosem Grunde das Wappen und die Umschrift (d. B): „Johann Conrad Gosser Ober Richter vnd Mühlin Herr. A. 1691.“ Monogramm: M. S. S. P.

Durchmesser 0,11. Erhaltung tadellos.

Nr. 480. Runde Grisaille. Gegenstück zu der folgenden Nummer, die Heilung des Blinden durch Christus darstellend. Umschrift: „Der Blinde sitzt am weg muß sich bettlens behelffen Christus für über geht er schreit er fol ihm helffen.“ Unterschrift zu Seiten der drei Wappen: „Barthlome Riethman def Statt gerichts Vnd gewefener Kirchepfleger Vnd Fr: Efter guntzen-

31

bacherinin Gott sellig Vnd Frau Elſbeta Löhrerin beide ſein Ehgemahl. 1700* Bezeichnet *Jo:görg Trgbr Gſchreg*
Durchmesser 0.145. Tadellos erhalten.

Nr. 481. Gegenstück zu der vorigen Nummer. Geschichte der keuschen Susanna. Umschrift (d. B): „Suſaña Seüffetzt vnd Sprach doch wil ich lieber vnschuldig in der menschenhände
koṁen dañ wider den herren Sündigen.“ Zwischen zwei Wappen die Unterschrift: „Andreas
Wehrlÿ Deß Statt gerichts Vnd Bleicher Vnd Frauw Suſanna Riethmanin ſein Ehgemahl.“ Bezeichnet *An Jörg ſparnler*
Durchmesser 0,147. Tadellos erhalten.

Nr. 482. Grosser grau in Grau mit wenig Gelb und Blau gemalter Monolith. In einer Land-
schaft mit einem Meerhafen im Hintergrunde erscheint Christus am Kreuze. Am Fusse desselben
Maria und der Stifter der Scheibe, darunter sein Wappen mit der Inschrift (lat.): „Adm. Rdus.
Nobilis et Clarissimus Dñs Joannes Conradus Harder SS. Canonum Licentiatus et Canonicus S.
Stephan. 1702.“ Bezeichnet *Jhan Jörg gürgbr*
Durchmesser 0.29. Erhaltung tadellos.

Nr. 483. „Georgius. S. R. I. Prælatus Collegy Creützlingen Ord‘. S. Augustini Cann. Regg.
Abbas, et Praepositus in Riederen: Anno Domini MDCCVIII.“ Monogramm *J·G   SP. Glaw* Auf
dem weissen Grund das mit trüben Schmelzfarben gemalte Wappen des Prälaten. Barocke Pilaster,
über denen zwei Engel die violetten Vorhänge eines Baldachins öffnen.
0,323 h., 0,255 br. Bis auf einige Risse gut erhalten.

Nr. 484. Auf Weiss die schwarz und gelb gemalten Wappen mit der Unterschrift (d. B):
„Hans Jacob Harder des gerichts zu Egellſchoffen Vnd Frauw Vrſula Harderin ein geborne Berin
ſin Ehegemahl A⸰ 1708*.
Durchmesser 0,147. Erhaltung tadellos.

Nr. 485. Rundscheibchen. Auf weissem Grunde ist das behelmte Wappen schwarz und gelb
gemalt. Auf dem Spruchbande im oberen Halbzirkel die Inschrift (d. B): „Gott allein die Ehr.“
Vnten: „Hans Conradt Neywiller Bürger in Egellschoffen Vnd Vrſula Neyhuferin ſein Ehliche
hanßFrauw 1708.“
Durchmesser 0,145. Erhaltung gut.

Nr. 486. Rundscheibchen. Auf weissem Grunde ist das Wappen mit trüben Schmelzfarben
gemalt. Die Umschrift (d. B) lautet: „Johann Jacob Weltz Ober Richter Steir Vnd Mihlle Herr
Anno 1716.“
Durchmesser 0,11.

Nr. 487. Drei Rundscheibchen. Zarte Grisailles, die Verkündigung, Kreuzigung und die
schmerzhafte Maria darstellend. Monogramm *JAſp.*
Durchmesser 0,127. Stark verrostet und verblasst.

Nr. 488. Gelb und schwarz gemalte Wappenscheibe. Inschrift (d. B): Jacob Anton Mezger
V : I : L : des Jnneren Raths Und Hoftatt Ampts Pfleger Anno 1727.“
0,15 h., 0,12 br. Gut erhalten.

Nr. 489. Gegenstück zu der vorigen Nummer. Grau und gelb gemalte Wappenscheibe.
Inschrift (d. B): „Frantz Antoni Jögger des Jnneren Raths und Hoftadt Ampts Pfleger. Aõ 1725.“
0,14 h., 0,13 br. Gut erhalten.

Nr. 490. Gegenstück zu den beiden vorigen Nuumern. Gelb und grau gemalte Wappen-scheibe mit Inschrift (d. B): „Frantz Antoni Spengler des Jnneren Raths Und Hoftadt Ampts Pfleger 1737."

0,14 h., 0,12 br. Erhaltung gut.

Nr. 491. Gegenstück zu den drei vorigen Nummern. Grau, braun und gelb gemalte Wappen-scheibe mit der Inschrift (d. B): „Johann Michael Miller des Jnneren Raths Und Hoffstat Ambts Pflöger. Ao: 1737."

0,14 h., 0,12 br. Gut erhalten.

Nachträge.

Zur Einleitung Seite 3 Note 1. Wie der Freiherr Joseph v. Lassberg in den Besitz der Glasgemälde des Cistercienserinnenklosters Feldbach im Thurgau gelangte, führt Mörikofers Selbst-biographie (Beiträge des histor. Vereines des Cantons Thurgau, Heft 25, 1885, p. 38) aus: „Lass-berg erhielt diejenigen von Feldbach noch bequemer und billiger; er verfügte sich dahin, liess sich das Kloster und namentlich den Conventsaal zeigen. Er rühmte der Frau Aebtissin dessen Schönheit über die Maassen und beklagte nur, dass derselbe so dunkel sei, sie sollte doch neue Fenster machen lassen. Da sich die gute Frau mit der Armuth ihres Klosters entschuldigte, so wusste der Freiherr Rath und wurde mit ihr eins, dass er gegen Uebernahme der alten Fenster ihr neue verschaffen wolle, für welche Generosität die Oberin sich bestens bedankte."

Zur Einleitung S. 8*. „Aus einer neuesten Notiz von F. Ritter in den Mittheilungen des k. k. österreich. Museums für Kunst und Industrie Nr. 48 (292) Wien, Januar 1890 erhellt, dass sich die Thätigkeit des Meisters Andreas Hör auch über die Landesgrenzen hinaus erstreckte. Es beweisen dies zwei Scheiben im österreich. Museum in Wien. Stifter der Einen ist „Felix Klamer im Weydach 1565", die andere (abgeb. in Falke, Gesch. des deutschen Kunstgewerbes) zeigt das Wappen des „Paulus Fer, Bürgermeister zu Kempten 1566".

Nr. 35 (S. 13). Das Wappen ist dasjenige der schwäbischen und nachmals österreichischen Freiherren von Landau, vergl. Siebmachers Wappenbuch I, Nürnberg 1605, Taf. 20.

Nr. 45 (S. 14). Die Abbildung einer Scheibe im Schützenhause zu Frauenfeld, welche genau dieselben Darstellungen enthält, findet sich im Thurgauer Neujahrsblatt von 1835.

Nr. 121 (S. 26). Das Mannswappen ist dasjenige der Schlumpf von St. Gallen.

Nr. 139 (S. 29). Der zweite Heilige ist, nach gef. Mittheilung des Herrn P. Dr. Albert Kuhn in Einsiedeln, St. Justus.

Uebersicht der Monogramme und der Künstlernamen.

Die Monogramme sind, wofern sie nicht Bestandtheile ausgeschriebener Namen bilden, nach dem alphabetischen Range der Buchstaben geordnet, aus denen sie sich zusammensetzen, derart, dass bei NB nicht N, sondern das im Alphabete vorangehende B und bei HF der Buchstabe F die Stellung dieser Monogramme in dem Register bestimmen. Die Monogramme sind nach Originalpausen des Herrn Zeichnungslehrer Adalbert Vockinger in Stans zinkographirt.

1. 🜍 Nr. 172.

2. ⅊ Nr. 141.

3. **AZB** Auf einem Fragmente.

4. Aegeri, Karl von. S. 7. Nr. 39—41. 42. 45, 47, 48, 54, 122.

5. ⚜ 𝕳 ⚜ Andreas Hör von S. Gallen; erscheint 1558—1575 (vgl. Dr. Hermann Meyer, im Anzeiger für schweizerische Alterthumskunde 1879, S. 935 u. f.) S. 8*. Nr. 93—121.

6. **BF** Nr. 133, 137, 159.

7. **NB** Nikolaus Bluntschli von Zürich. geb. vor 1525, † 1605 (cf. Hermann Meyer: Die schweizerische Sitte der Fenster- und Wappenschenkung vom XV. bis XVII. Jhdt. Frauenfeld 1884, passim). S. 7. Nr. 56, 58—76, 138, 139.

8. ⚜**WB**⚜ Unbekannter Monogrammist, dessen Zeichen auf Glasgemälden von 1588—1612 zu finden ist. Das letztgenannte Datum befindet sich auf einer Scheibe des Abtes von Pfævers im Besitze des Herrn Merian-Thurneysen in Basel. Vergl. ausserdem Neujahrsblatt, herausgegeben vom historischen Verein in St. Gallen 1879, S. 18, und Rahn: Die Glasgemälde im gothischen Hause zu Wörlitz. Nr. 74 und 76. — In der Vincent-schen Sammlung steht das Monogramm dieses Meisters auf folgenden Scheiben verzeichnet: Nr. 173, 182, 222, 232 und auf einem Fragmente, vergl. auch S. 8*.

9. **HCd** S. 8*. Nr. 397, 406—412.

10. **CH** Nr. 199.

11. **CK** Nr. 278.

12. 🜍 🜍 Christoph Murer von Zürich 1558—1614. Nr. 154, 158, 241, 261.

13. •**C·S**• Vielleicht Caspar Spengler von St. Gallen und identisch mit dem folgenden Monogrammisten. Nr. 44, 157, 174, 193, 234 und auf zwei Fragmenten. Genannte Nummern stammen aus der Zeit von 1544—1596.

14. ⅄𝕾 ·𝕾·𝕾· Caspar Spengler von St. Gallen, wurde 1582 als Bürger von Constanz aufgenommen. Vergl. Jahrbücher des Vereins von Alterthumsfreunden in den Rheinlanden, Heft 60 1877, S. 40. Nr. 164.

15. **HRMD** Hans Rudolf Manuel Deutsch von Bern. 1525 bis 1571. S. 6. Nr. 34.

16. **D L D** Daniel Lindtmayer von Schaffhausen, erscheint 1572 † um 1607. S 8⁴. Nr. 155, 165.

17. ·**E**· ·**E**· Ohne Zweifel identisch mit dem folgenden Monogrammisten. S. 8*. Nr. 206, 246, 257 und zwei Fragmente.

18. ·**T**· ·**E**· Vielleicht Tobias Erhart von Winterthur geb. 1569 † 1611 (gef. Mittheilung des Herrn Dr. H. Meyer-Zeller in Zürich). Nr. 85, 206.

19. **HF** Nr. 79.

20. **jf** Nr. 383.

21. *FM* · Nr. 380.

22. ✦*FL*✦ Nr. 43.

23. *H* auf einem Fragmente.

24. *HG* Hans Jakob Geilinger von Winterthur (?) Nr. 335.

25. *M·HVG* *iM·HVG·* *·M·HVG·*
Der volle Name dieses Meisters steht auf einer 1610 datirten Scheibe im Hôtel Cluny in Paris verzeichnet (Anzeiger für schweiz. Geschichte und Alterthumskunde 1859, S. 66): „Hans Melcher Schmitter genannd Hug, Burger und Glasmaler zu Wyl im Thurgaewe" (vergl. auch Anzeiger für schweiz. Alterthumskunde 1887, S. 449). S. 8°. Nr. 244, 258, 262.

26. *HV* *HV* Hans Jakob Nü-scheler I von Zürich, geb. 1583 † 1654. S 8°. Nr. 319, 320.

27. *HR* Nr. 300.

28. *H* Vielleicht Heinrich Schnider von Rapperswil (Anzeiger für Schweiz. Alterthumskunde 1884, S. 94). Nr. 243.

29. *m* Nr. 134.

30. Graf, Urs. S. 6. Nr. 20.

31. Holbein, Hans, d. J. S. 6. Nr. 37.

32. *HUIegli* *H·Iegli* Hans Ulrich Jegli von Winterthur. S. 8°. Nr. 330, 336 und zwei Fragmente.

33. *SK* Nr. 284. 289 und auf einem Fragmente.

34. *M* Nr. 57 und auf einem Fragmente.

35. *m* Nr. 379, vielleicht identisch mit Nr. 21.

36. *JW* *IW* Wahrscheinlich Jacob Weber II von Winterthur, S. 8°, auf Scheiben von 1662—1681. Nr. 352, 357, 370—374.

37. *NL* 1650 auf einem Fragmente.

38. *IST* Nr. 33.

39. *1·S·M+M·92·* Nr. 365.

40. *m* Michael Müller von Zug † 1682. S. 8°. Nr. 365.

41. Murer, die von Zürich. S. 8°.

42. *Iofias Murer·zürich* 1564—1630. Nr. 266.

43. *M·W·* *SA·70Ja* Nr. 301.

44. *NV* auf Scheiben von St. Gallischen Schenkern von 1570.—1582. Nr. 147, 148, 161, 229.

45. Schmitter vide Hug.

46. Studer, Jacob, Burger zu Winterthur und Glaffer des Gotthauffes vud Crützgangs zu Jttingen. Nr. 336.

47. *IWeb* *IWeber* *JW* Jacob Weber II. von Winterthur geb. 1637 † 1685 (gefl. Mittheilung von Herrn Dr. H. Meyer-Zeller in Zürich). Nr. 352, 357, 370—374.

Die Spengler von Constanz. S, 8°.

J·G *SP.* Scheiben von 1700—1708. Nr. 480—483.

I·SP· Scheiben von 1620—1630. Nr. 453 bis 459.

M·SSP *MSSP* Nr. 448 von 1578. Nr. 477 bis 479 von 1686—1691.

W·S·P. *WSP.* *WSP. in Conans.* *WSP.* *WSP.* *WSP. in Coftants.* *WSP.* *WSP. in Coft.* *WSP.* *WSP. in Coft:* *Wolfgangspengler glasmall*
Nr. 449—451. Nr. 460—468. Nr. 472—475.

Register

zusammengestellt von Herrn stud. phil. Fritz von Jecklin.

Die den Namen beigefügten Ziffern entsprechen den Nummern des Kataloges.

A. Ortsregister.

B. Namensregister.

Litteratur.

A. Ueber die schweizerische Glasmalerei im Allgemeinen.

Allgemeine Schweizer Zeitung 1878, Nr. 236, 238 und 262: Schweiz. Glasgemälde in der Rüstkammer des fürstl. Reuss. Residenzschlosses Osterstein. Nr. 262 dessgl. in South-Kensington Museum in London.

Anzeiger für schweizerische Alterthumskunde. 1869. Nr. 4, S. 95 u. f. J. R. Rahn: Die Vincent-sche Sammlung zu Constanz. 1878. Nr. 3, S. 861: Geschäftsanzeige eines Glasmalers im XVIII. Jhrdt. 1880. Nr. 1, S. 9: M. v. K. Schweiz. Glasgemälde in Hohenschwangau. 1881. Nr. 1, S. 126: Zur Geschichte der Glasmalerei. 1883. Nr. 4, S. 465, J. R. Rahn: Die Glasgemälde Christoph Murer's im Germanischen Museum zu Nürnberg. 1885. Nr. 2, S. 149 u. f., Th. v. Liebenau: Vom Aufkommen der Glasgemälde in Privathäusern. 1887. Nr. 1, S. 400 u. f., P. Dom. Willi: Schweizerische Glasgemälde in Lichtenthal bei Baden-Baden. 1888. Nr. 2, S. 45 u. f., J. R. Rahn: Glasgemälde in Muri-Gries bei Bozen. 1890. Nr. 1, S. 302. E. Stückelberg: Die schweiz. Glasgemälde in Brüssel.

Anzeiger für schweizerische Geschichte und Alterthumskunde V. 1859. S. 32, 47, 66, P. Gall Morell: Aus der Schweiz stammende Glasgemälde im Hôtel Cluny. VIII. 1862, S. 37 und 57: S. Vögelin: Glasgemälde aus der Schweiz im Berliner Museum und bei Graf Razinsky in Berlin.

Blätter für Kunstgewerbe. München 1884. XIII. 7: Wie die Schweizer Glasmalerei in Schwung kam.

Katalog der reichhaltigen Kunst-Sammlung des Herrn Eugen Felix in Leipzig. Versteigerung zu Köln den 25. October 1886 durch J. M. Heberle (H. Lempertz Söhne). Köln 1886. Glasgemälde (mit Abbildungen) S. 47 u. f.

Catalogue du Musée des Thermes et de l'Hôtel de Cluny à Paris. Catalogue et description des objets d'art de l'antiquité du moyen-âge et de la renaissance exposés au Musée par E. du Sommérard. Paris. Hôtel de Cluny. 1884. p. 166 etc.

Gessert, M. A. Geschichte der Glasmalerei in Deutschland und den Niederlanden, Frankreich, England, der Schweiz etc. Stuttgart und Tübingen 1839.

Schweizerisches Gewerbeblatt. 1884. Nr. 8 und 9. Wilh. Bubeck: Die Entwickelung der Glasmalerei.

Hosaeus. W. Die Glasgemälde des Gothischen Hauses zu Wörlitz. v. Zahn. Jahrb. für Kunstwissenschaft. Bd. II. Leipzig 1869. S. 219 u. f.

Katalog der Ausstellung von älteren Glasgemälden aus hiesigem Privatbesitz im Künstlergut Zürich. Mai 1877. Zürich, Druck von Orell Füssli & Co. 1877.

Katalog der Waldmann-Ausstellung im Musiksaal Zürich 21.—7. Juli 1889. (Glasgemälde S. 10 u. f.)

Kunst und Gewerbe. München 1878. Nr. 16 und 17. Dr. Kuhn: Zur Geschichte der Glasmalerei im Mittelalter. H. E. v. Berlepsch: Etwas über Schweizer Glasmalerei.

Lübke, W. Ueber die alten Glasgemälde in der Schweiz. Zürich 1866. (Wiederholt in dessen „Kunsthistorischen Studien". Stuttgart 1869).

Derselbe: Zur Schweizer Glasmalerei. v. Zahn. Jahrbücher für Kunstwissenschaft. Bd. I. Leipzig 1868. S. 23 u. f.

Meisterwerke der schweizerischen Glasmalerei. Herausgegeben vom historisch-antiquarischen Verein in Winterthur. Nach den Originalen aufgenommen.

Meyer, Hermann, Dr.: Zur Glasgemälde-Ausstellung im Künstlergut in Zürich im Mai 1877. (Neue Zürcher Zeitung Nr. 250, 31. Mai 1877; Nr. 252, 1. Juni; Nr. 254, 3. Juni).

Derselbe: Die schweizerische Sitte der Fenster- und Wappenschenkung vom XV. bis zum XVII. Jahrhundert. Frauenfeld 1884.

Mülinen, E. F. v.: Ueber die Glasmalerei in der Schweiz. (Alpenrosen. Bern 1872.)

Rahn, J. R.: Geschichte der bildenden Künste in der Schweiz. Zürich 1876, S. 587—614 und 688—704.

Derselbe: Erinnerungen an die Bürki'sche Sammlung. Feuilleton der Neuen Zürcher Zeitung 1881. Nr. 173—175, 177—180. (Wiederholt in „Kunst- und Wanderstudien aus der Schweiz. Wien 1883.)

Derselbe: „Glasmalerei" im Offiziellen Katalog der schweizerischen Landesausstellung in Zürich 1883. Special-Katalog der Gruppe 38 „Alte Kunst". Zürich, Orell Füssli & Co. 1883. S. 37—74 und Nachtrag.

Derselbe: Offizieller Bericht über Gruppe 38 „Alte Kunst" der schweiz. Landesausstellung in Zürich. Zürich. Druck von Orell Füssli & Co. 1884. S. 50 u. f.

Derselbe: Die Glasgemälde im Gothischen Hause zu Wörlitz. (In: Gesammelte Studien zur Kunstgeschichte. Eine Festgabe zum 4. Mai 1885 für Anton Springer. Leipzig 1885. S. 176—225.)

Wackernagel, Wilhelm. Die deutsche Glasmalerei. Leipzig 1855.

Zeitschrift für Antiquitätensammler. Bd. I. 1883. Nr. 5. Die Monogramme auf Glasgemälden in der schweizerischen Landesausstellung in Zürich 1883.

Zeitschrift des Kunstgewerbevereins in München. 1886. Nr. 1 und 2. H. v. Berlepsch: Die Entwickelung der Glasmalerei in der Schweiz.

B. Orts-Monographien.

Ausgenommen von dieser Liste sind i. d. R. die in der „Statistik schweizerischer Kunstdenkmäler" (Anzeiger für schweiz. Alterthumskunde) veröffentlichten Aufzeichnungen.

Aarau. Oelhafen: Chronik der Stadt Aarau. 1840. S. 41, 90, 122. Vide auch Muri.

Basel. Basler Fenster. Basler Taschenbuch 1852. S. 249 u. f. W. Lübke: Die Glasgemälde im Rathhaus und dem Schützenhaus. (v. Zahn: Jahrb. f. Kunstwissenschaft I. 1868. S. 25 u. f.) S. Vögelin: Die Glasgemälde im Rathhaus. (J. Bächtold: Niklaus Manuel. Bibliothek älterer Schriftwerke der deutschen Schweiz etc. Bb. II. Frauenfeld 1878 Seite C. M. Heyne: Die Basler Glasmalerei des XVI. Jahrhunderts und die Scheiben des Basler Schützenhauses. (Sep. Abdruck aus den „Basler Nachrichten" 1883, Nr. 169—171. Basel, Schweighauser'sche Buchdruckerei 1883.) Heyne u. Bubeck: Die Kunst im Hause. II. Thl. Basel 1883. Alb. Burckhardt: Katalog der histor. Ausstellung für das Kunstgewerbe in Basel 1878, S. 7 u. f. Ders.: Die Glasgemälde der mittelalterlichen Sammlung zu Basel. (Wissenschaftl. Beilage zum Bericht über das Gymnasium in Basel. Schuljahr 1884—85. Basel 1885.) Ders.: Eine Glasscheibe des Murenser Abtes Laurenz v. Heidegg. (Anz. f. Schweiz. Alterthunskunde 1889. S. 272.)

Bern, Stadt und Canton. J. H. Müller: Die ältesten Glasgemälde der Kirchen des Cantons Bern. (Festschrift zur Eröffnung des Kunstmuseums in Bern 1879. Bern 1879. S. 3 u. f.) G. Trächsel: Kunstgeschichtliche Mittheilungen aus den Bernischen Staatsrechnungen von 1505—1540. (Berner Taschenbuch 1878. S. 169 u. f. Wiederholt in der Festschrift: Die Glasmalerei in Bern bis in die Mitte des XVII. Jhrdts. S. 30 u. f.) E. Blösch: Kunstgeschichtliche Mittheilungen aus den Bernischen Staatsrechnungen von 1550—82. (Festschrift S. 59 u. f.) Münster: Stantz Münsterbuch. Eine artistisch-historische Beschreibung des S. Vincentzen Münsters in Bern. Bern 1865. K. Howald: Der zehntausend Ritter-Tag und das zehntausend Ritter-Fenster im Berner Münster. (Berner Taschenbuch 1885. S. 98.) Rahn: Geschichte der bildenden Künste in der Schweiz. Glasgemälde: Histor. Museum. E. v. Rodt: Das historische Museum in Bern. Bern 1884. S. 56 u. f. (Berner Taschenbuch 1885. S. 80 u. f.)

Cappel (Ct. Zürich). Mittheilungen der Antiquarischen Gesellschaft in Zürich. Bd. II. 1. Abthlg. Heft I. Rahn: Gesch. d. bild. Künste i. d. Schweiz.

Davos am Platz. Rathhaus. (Anz. für schweiz. Alterthunskunde. 1880. Nr. 1. S. 9.)

Königsfelden. W. Lübke u. Th. v. Liebenau: Kloster Königsfelden und die Glasgemälde im Chor daselbst. (Denkmäler des Hauses Habsburg, herausgegeben von der Antiquarischen Gesellschaft in Zürich). G. Kinkel: Augsburger Allgemeine Zeitung. Beil. vom 13., 14., 16., 20. und 21. Oct. 1868. H. Fenner: Das Kloster Königsfelden und seine Glasgemälde. Programm der städtischen Schulen zu Aarau. Aarau, Druck von J. J. Christen. 1875.)

Läufelfingen, Alb. Burckhardt: Die Glasgemälde in der Kirche zu Läufelfingen. Basler Jahrbuch 1888. S. 256 u. f.

Lausanne. J. R. Rahn: Die Glasgemälde in der Rosette der Kathedrale von Lausanne. (Mittheilungen der Antiquarischen Gesellschaft in Zürich. Bd. XX. 1. Abthlg. Heft 2.) Franz. Ausg.: La Rose de la cathédrale de Lausanne. Mémoire trad. de l'allemand par William Cart. Lausanne 1879. Rahn: Gesch. der bild. Künste i. d. Schweiz.

Luzern. Die Glasgemälde im Kloster Bruch. (Geschichtsfreund XVI. 177 u. f.) Die Glasgemälde
  im Rathhause zu Luzern. Luzern 1879. Vgl. dazu Anz. f. schweiz. Alterthumskunde 1880.
  Nr. 3. S. 56.

Maschwanden, vide Zürich Stadtbibliothek.

Mellingen. J. R. Rahn: Die Glasgemälde in der Pfarrkirche zu Mellingen. (Anz. f. schweiz.
  Alterthumskunde 1882. Nr. 3. S. 306 u. f.)

Muri. J. R. Rahn: Die Glasgemälde in Muri-Gries bei Bozen. (Anz. f. schweiz. Alterthumskunde
  1888. Nr. 2. S. 45 u. f.) Glasgemälde aus dem Kreuzgang in Muri. Anz. 1880. S. 40.
  Th. v. Liebenau: Zur Entstehungsgeschichte der Glasgemälde im Kreuzgange zu Muri.
  (l. c. 1881. Nr. 3, S. 174.) W. Lübke: Kunsthistorische Studien. Stuttgart 1869. S. 454 u. f.

Obwalden, Canton. Küchler: Die Fensterschenkungen des Standes Obwalden. (Anz. f. schweiz.
  Alterthumskunde 1884. Nr. 4. S. 93.)

Rathhausen. Littteratur im Anz. f. schweiz. Alterthumskunde 1885. Nr. 4. S. 224.

Rheinegg. Rathhaus. Anz. f. schweiz. Alterthumskunde 1880. Nr. 1. S. 8.

Salux. Anz. f. schweiz. Alterthumskunde 1879. S. 955.

St. Gallen. H. Bendel: Die Glasgemälde im Museum des histor. Vereins in St. Gallen. (Neujahrsblatt des histor. Vereins des Cts. St. Gallen. St. Gallen 1879.)

Schwyz. C. Styger: Glasmaler und Glasgemälde im Lande Schwyz. 1465—1680. (Mittheilungen
  des histor. Vereins des Cantons Schwyz. 4. Heft. Einsiedeln 1886.)

Stammheim. J. R. Rahn: Anz. f. schweiz. Alterthumskunde 1869. Nr. 2. S. 50–63. F. W.
  Borel: Archives héraldiques suisses 1889. Nr. 28 u. f.

Staufberg. Anz. für schweiz. Alterthumskunde 1880. S. 41.

Stein a. Rh. Ausser der im Anzeiger für schweiz. Alterthumskunde 1889, S. 281, erwähnten
  Litteratur ist zu nennen: F. W. Borel: Les verrières du moyen-âge de Stammheim et de
  Stein a. Rh. (Archives héraldiques suisses. 1889. Nr. 28 u. f.)

Thun. Die v. Parpart'sche Sammlung. Catalog der Auction Parpart 1883.

Werdenberg. „Beschreibung alter Glasgemälde, welche an den Fenstern des Schlosses zu
  Werdenberg vorhanden sind." Trogen 1834.

Wettingen. W. Lübke: Die Glasgemälde im Kreuzgang des Klosters Wettingen. (Mitthei-
  lungen der antiquar. Gesellschaft in Zürich. Bd. XIV. Heft 5.) Ders.: Kunsthistorische
  Studien. Stuttgart 1869. S. 443 u. f. Rahn: Geschichte der bild. Künste in der Schweiz.
  H. v. Berlepsch: Die Glasgemälde im Kreuzgang zu Wettingen. (Kunstgewerbeblatt,
  Beilage zur Zeitschrift für bildende Kunst, herausgegeben v. C. v. Lützow 1886. Heft 6,
  p. 110 u. f.)

Winterthur. Die Sammlung von Glasgemälden in der Kunsthalle in Winterthur. (Mittheilungen
  des Kunstvereins in Winterthur. 1. Jahrgang. Winterthur 1872.

Zofingen, Pfarrkirche. Rahn: Geschichte der bild. Künste in der Schweiz. B. Reber; Glasmalerei und Glasmaler in Zofingen. (Anzeiger für schweiz. Alterthumskunde. 1889. Nr. 3,
  S. 236 u. f.

Zürich. J. R. Rahn: Die Glasgemälde aus der Kirche von Maschwanden in der Stadtbibliothek
  Zürich. Neujahrsblatt der Stadtbibliothek Zürich 1877 und 1878.) S. Vögelin: Die
  Glasgemälde aus der Stiftspropstei, von der Chorherrenstube und aus dem Pfarrhause zum

Grossmünster. (Ebendaselbst Jahrgang 1883.) J. R. Rahn: Zürcherische Zunftscheiben auf Schloss Heiligenberg. (Zürcher Taschenbuch 1881. S. 282.)

Zug. A. Weber: Das Museum der Stadt Zug. (Sep. Abdruck aus dem Feuilleton der Neuen Zuger Zeitung 1879, p. 60 u. f.) Derselbe: Glasmalerei im Zugerlande. Zuger Neujahrsblatt 1889.

C. Einzelne Meister.

A H vide Hör, Andreas.

Abesch, Gebrüder Petrus, Anton und Johann, sowie Barbara. J. Staffelbach: Geschichte von Sursee 1882, S. 72.

Aegeri, Karl v. v. Liebenau: Anz. f. schweiz. Alterthumskunde 1881. Nr. 3, S. 174.

Bero-Münster. M. Estermann: Glasmaler und Glasmalerei im Dienste des Stiftes Bero-Münster. (Anz. f. schweiz. Alterthumskunde 1880. Nr. 4, S. 83.)

Brandenberg. H. v. Meiss: Christoph Brandenberg von Zug. (Geschichtsfreund XXXV. Einsiedeln 1880. S. 185 u. f.)

Genf. Extrait d'un compte de verrier en 1553. (Mémoires et documents de la société d'histoire et d'archéologie de Genève. Vol. VI. 167 VIII p. 110.)

Hör, Andreas. H. Meyer-Zeller: Der Glasmaler-Monogrammist A H. (Anz. f. schweiz. Alterthumskunde 1879. Nr. 3, S. 935.)

Lando, H. R. Anz. f. schweiz. Alterthumskunde 1879. Nr. 3, S. 939. 1880, S. 19.

Lindtmayer, Daniel (vergl. Schaffhausen.) F. Ritter: Ueber einige Scheibenrisse von D. L. (Mittheilungen des k. k. österreich. Museums für Kunst und Industrie. V. Jahrgang. Wien, Januar 1890. S. 5 u. f.)

Luzern. Th. v. Liebenau: Verzeichniss der Glasmaler von Luzern. (Anz. f. schweiz. Alterthumskunde 1878. Nr. 3, S. 857.) J. Schneller: Luzern's S. Lukas-Bruderschaft. Luzern 1861.

Müller. H. v. Meiss: Michael Müller von Zug. (Geschichtsfreund XXXV. Einsiedeln 1880. S. 185 u. f.)

Münster vide Bero-Münster.

Murer, Christoph. Th. v. Liebenau: Anz. f. schweiz. Alterthumskunde 1880. Nr. 3, S. 56. J. R. Rahn: Die Glasgemälde Christoph Murers im Germanischen Museum von Nürnberg. (l. c. 1883. Nr. 4, S. 465.) H. Bendel: Nachträge zur Thätigkeit des Zürcher Glasmalers Christoph Murer. (l. c. 1885. Nr. 2, S. 151 u. f.) J. R. Rahn: Deutsche Biographie. Bd. XXIII. S. 58 und 62. F. Ritter: Mittheilungen des k. k. österreich. Museums. V. Jahrgang. Januar 1890. S. 6 Note.

Schaffhausen. J. H. Bäschlin: Schaffhauser Glasmaler des XVI. und XVII. Jhrdts. (Neujahrsblatt des Kunstvereins Schaffhausen für 1879 und 1880. Schaffhausen 1879 u. f. .)

Schwyz. K. J. Styger: Glasmaler und Glasgemälde im Lande Schwyz. (Mittheilungen des histor. Vereins des Cts. Schwyz. Heft IV 1886.)

Solothurn, Glasmaler. Amiet: Die Solothurner S. Lukas-Bruderschaft. Solothurn 1859. S. 8 u. f.

Spengler, Johann Georg. Anz. f. schweiz. Alterthumskunde 1878. S. 861 u. f.

Wolf, Wilhelm von Zürich. 1638 † 1710. (Anz. f. schweiz. Geschichte und Alterthumskunde 1857. S. 57 u. f.)

Zofingen. B. Reber: Glasmalerei und Glasmaler in Zofingen. (Anz. f. schweiz. Alterthumskunde 1889. Nr. 3, S. 236 u. f.)